"十四五"普通高等教育汽车服务工程专业教材

Ershouche Pinggu yu Jiaoyi
二手车评估与交易

蔡 云　李江天　主　编
邓召文　董福龙　许建民　副主编

人民交通出版社股份有限公司
北　京

内 容 提 要

本书为"十四五"普通高等教育汽车服务工程专业教材。全书共六章,主要内容包括二手车评估基础知识、汽车技术状况鉴定、二手车价格评估、事故车辆损失评估、二手车鉴定评估操作、二手车交易。

本书可作为普通高等院校汽车服务工程专业教材使用,亦可作为二手车鉴定评估技能培训的参考教材,也可供广大汽车爱好者阅读参考。

图书在版编目(CIP)数据

二手车评估与交易/蔡云,李江天主编.—北京:
人民交通出版社股份有限公司,2023.1
ISBN 978-7-114-18272-3

Ⅰ.①二… Ⅱ.①蔡… ②李… Ⅲ.①汽车—鉴定②汽车—价格评估③汽车—商品交易 Ⅳ.①U472.9
②F724.76

中国版本图书馆 CIP 数据核字(2022)第 194129 号

书　　名:	二手车评估与交易
著 作 者:	蔡　云　李江天
责任编辑:	李　良
责任校对:	孙国靖　宋佳时
责任印制:	刘高彤
出版发行:	人民交通出版社股份有限公司
地　　址:	(100011)北京市朝阳区安定门外馆斜街 3 号
网　　址:	http://www.ccpcl.com.cn
销售电话:	(010)59757973
总 经 销:	人民交通出版社股份有限公司发行部
经　　销:	各地新华书店
印　　刷:	北京市密东印刷有限公司
开　　本:	787×1092　1/16
印　　张:	9.75
字　　数:	249 千
版　　次:	2023 年 1 月　第 1 版
印　　次:	2023 年 1 月　第 1 次印刷
书　　号:	ISBN 978-7-114-18272-3
定　　价:	29.00 元

(有印刷、装订质量问题的图书,由本公司负责调换)

前言
Qianyan

2012年,国家教育部公布了新的本科专业目录,汽车服务工程成为目录内的普通本科专业。2020年2月,在教育部发布的《普通高等学校本科专业目录(2020年版)》中,汽车服务工程专业隶属于工学、机械类(0802),专业代码为080208。该专业顺应了我国社会机动化和汽车普及化的时代发展要求,面向汽车使用领域和汽车服务领域,培养应用型、复合型、创新型乃至创业型的高级人才。"懂技术、擅经营、会服务"是这个新兴专业对其毕业生的基本能力素质要求。为了实现人才培养目标,汽车服务工程专业需要高水平教材支撑课程教学。

当前,汽车产业正处于深度的调整和变革进程中。一是汽车科技日新月异,正在向着轻量化、电动化、智能化、网联化等方向纵深发展,新能源汽车、智能汽车、网联汽车等新品不断涌现,无人驾驶、虚拟现实、增强现实、生物识别等人工智能技术在汽车上的应用越来越多,"互联网+"与汽车研发、制造、营销、运用和服务等领域的融合越来越深刻,这些变化将彻底改变传统的市场调研、汽车开发、营销与服务的方式,改变企业的生产经营模式,甚至诞生跨界经营,进而引起产业生态的变革;二是我国汽车市场在经历21世纪初十余年的快速发展,并在2009年超越美国成为世界最大的新车消费市场之后,汽车需求从宏观总量上看必将转入低微增长乃至震荡波动的发展形态,市场趋于饱和,企业竞争逐渐加剧,这种变化必将导致企业的营销方式大不同于以往,市场经营范围也将由以国内市场为主转向国际和国内两个市场并重,真正实现全球经营。另一方面,我国的高等教育也同样处于调整变革进程中。一是国家调整高等教育的建设方式,由以前的"985工程"和"211工程"模式调整为"双一流"建设模式,更加注重学科(专业)特色优势的建设;二是创新创业教育和高等教育的国际化步伐加快,特别是在工科教育方面,我国已于2016年正式成为《华盛顿协定》的成员国,各高校均以工程教育国际认证为契机,全面促进专业的建设发展。

基于此,全国汽车服务工程专业教学指导委员会结合我国汽车维修行业发展动态和工程教育专业认证需要,在征求行业专家、专业教师的建议基础上,组织编写了"十四五"普通高等教育汽车服务工程专业系列教材。

《二手车评估与交易》为本套教材之一,可作为汽车服务工程专业本科学生的专业教材。截至2022年6月底,全国汽车保有量已达3.10亿辆,其中,新能源汽车保有量超过1000万辆。二手车作为汽车产业链中的重要一环,市场规模呈现快速增长。2021年,我国二手车交易量为1758万辆,交易金额首次突破万亿元。相比国际成熟汽车市场而言,我国二手车的交易量还有很大发展空间。同时,商务部等国家部委正鼓励汽车消费、大力推进二手车市场流通,在相当长的时间里,我国二手车市场规模将保持增长态势,预计我国未来二手车交易量将超过5000万辆、交易金额将超过3万亿元。二手车市场规模的快速增长同时带来了新能源二手车的快速增长,也带来了对专业人才培养的新需求。因此,本书作者联合了多个学校讲授二手车评估相关专业课的教师,结合二手车行业的实际情况,融入二手车评估与交易相关专业知识编写了本书。书中体现了最新的相关政策法规,以及新能源汽车的技术知识和鉴定评估要求。全书将二手车的技术评估、价格评估和实际操作进行了有机融合,在知识内容上力求丰富实用,在编排形式上力求案例结合,在学习使用上力求层层递进。

  本书由西华大学蔡云、武汉理工大学李江天担任主编。全书共六章,编者包括安徽科技学院董福龙(第一章)、湖北汽车工业学院邓召文(第二章)、武汉理工大学李江天(第三章)、西华大学蔡云(第四、六章)、厦门理工学院许建民(第五章)。全书由西华大学蔡云统稿,研究生张又水、吴澳琪、陈森、赵蕾、滕金润、马科、王广、伍鑫为书稿整理做了大量工作。本书的编写得到了武汉理工大学张国方教授的指导,得到了成都锦泰机动车检测有限公司等企业的支持,也得到了兄弟院校的帮助,在此一并表示感谢!在本书编写过程中,参阅了大量文献,特对文献原作者表示衷心的感谢。

  由于编者水平有限,书中难免有疏漏和不足之处,恳请使用本书的广大师生和读者批评指正。

编　者

2022年7月

目录
Mulu

第一章　二手车评估基础知识 ……………………………………………………… 1
　第一节　二手车概述 ……………………………………………………………… 1
　第二节　资产评估基本概念 ……………………………………………………… 6
　第三节　二手车鉴定评估概述 …………………………………………………… 11
　习题 ……………………………………………………………………………… 14

第二章　汽车技术状况鉴定 ………………………………………………………… 15
　第一节　二手车技术状况鉴定方法 ……………………………………………… 15
　第二节　二手车静态检查 ………………………………………………………… 22
　第三节　二手车动态检查 ………………………………………………………… 29
　第四节　二手车仪器检测 ………………………………………………………… 36
　第五节　二手电动汽车"三电"系统检测 ………………………………………… 52
　习题 ……………………………………………………………………………… 57

第三章　二手车价格评估 …………………………………………………………… 58
　第一节　二手车成新率计算方法 ………………………………………………… 58
　第二节　二手车评估方法 ………………………………………………………… 68
　第三节　二手车评估方法选择 …………………………………………………… 76
　习题 ……………………………………………………………………………… 78

第四章　事故车辆损失评估 ………………………………………………………… 79
　第一节　概述 ……………………………………………………………………… 79
　第二节　碰撞损伤诊断与测量 …………………………………………………… 81
　第三节　常损零件修与换原则 …………………………………………………… 91
　第四节　汽车碰撞损失项目确定 ………………………………………………… 94
　第五节　汽车水灾损失分析 ……………………………………………………… 100
　第六节　汽车火灾损失分析 ……………………………………………………… 103
　第七节　工时费、涂饰费计算 …………………………………………………… 105
　第八节　材料价格、修复价值和残值 …………………………………………… 107

习题 ………………………………………………………………………… 108

第五章　二手车鉴定评估操作 ………………………………………………… 109
　　第一节　二手车鉴定评估作业流程 …………………………………………… 109
　　第二节　二手车鉴定评估报告书 ……………………………………………… 112
　　第三节　汽车鉴定评估报告案例 ……………………………………………… 119
　　习题 ………………………………………………………………………… 124

第六章　二手车交易 ……………………………………………………………… 125
　　第一节　二手车交易概述 ……………………………………………………… 125
　　第二节　二手车交易实务 ……………………………………………………… 129
　　第三节　二手车经销 …………………………………………………………… 136
　　习题 ………………………………………………………………………… 146

参考文献 …………………………………………………………………………… 147

第一章　二手车评估基础知识

第一节　二手车概述

一、二手车概念

为了鼓励二手车行业的发展，国家在颁布实施的《二手车流通管理办法》中，首次明确地将交易的在用车称为二手车。在该法规中，对二手车做了如下严格的定义。

二手车(Used Car)是指从办理完注册登记手续到达到国家强制报废标准之前进行交易并转移所有权的车辆。二手车概念有4个关键词，分别是注册登记、强制报废标准、交易和转移所有权。

(1)注册登记。已注册登记表明二手车交易时必须是合法的车辆。

(2)强制报废标准。达到强制报废标准前交易是为了确保二手车交易后继续可用。

(3)交易。交易反映了二手车的商品属性，即在用车辆只有再次进入流通市场进行交易时才能被称为二手车。根据《中华人民共和国民法典》第二百二十四条规定：动产物权的设立和转让，自交付时发生效力，但法律另有规定的除外。也就是说，二手车完成交易后，卖方虽然向买方交付了车辆，但只是交付了车辆的使用权，买方不能算是合法取得了二手车的所有权，因为机动车转让后的所有权法律归属由《机动车登记规定》规定，这就是"法律另有规定的除外"的含义。所以，完成二手车交易只是实现了二手车使用权的转移，还需要进一步完成所有权转移。

(4)转移所有权。转让的二手车必须依据《机动车登记规定》的法律规定完成转移所有权，以解决二手车的最终法律归属。交易后的二手车能够通过所有权转移登记表明该车的法定证件齐全、合法有效，能合法正常使用；新车主只有通过所有权转移才能真正成为法律意义上合法拥有该车的车主。也就是说，二手车交易后必须法律易主才算完成合法的交换，两者缺一不可。

由于上述(3)和(4)的规定，所以，二手车也被称为特殊商品。

二、国内外二手车市场介绍

1. 国外二手车市场

在汽车工业发达的国家中，二手车市场早就形成了一个十分成熟的市场，图1-1显示了各国二手车交易量与新车销售量的比率。美国二手车交易量是新车销售量的3倍，法国、德国的二手车交易量都为新车销售量的2倍多，日本和韩国的二手车交易量也达到了新车销售量的 1.5 倍左右，我国新车销售量已是世界第一，但我国二手车交易量为新车销售量的 70% 左右，发展空间巨大。

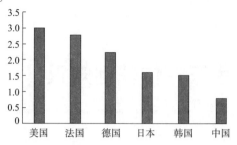

图 1-1　各国二手车交易量与新车销售量比率

国外的二手车市场已经进入成熟阶段。二手车作为一般商品进入市场，销售渠道形成了品牌专卖、大型超市、连锁经营、二手车专营、二手车拍卖等并存的多元化经营体制，交易方式有直接销售、代销、租赁、拍卖、置换等多样化形式，交易手续灵活简便，为消费者购买二手车营造了更加方便的消费环境。国外二手车流通发展经验表明，随着人均汽车保有量的增长和大众汽车消费观念的成熟，二手车交易量会逐渐增加，进而形成一个供需两旺的巨大市场。汽车行业协会在加强汽车流通行业管理和行业自律、制订行业标准、引导新旧车市场协调发展等方面起到了重要作用，是促进这些国家二手车市场繁荣的关键原因。从国外的二手车市场情况看，越是汽车工业发达的国家和地区，二手车市场越活跃。

1）美国

从近几年美国的汽车销售数据来看，美国的新车与二手车交易量的比例已经达到 1∶3。美国人对二手车认识程度加深以及消费观念转变是导致二手车市场繁荣的主要原因，不过二手车市场的逐渐成熟、运营体制的不断健全和消费者的普遍认可也是其繁荣的重要原因。美国二手车市场繁荣主要体现在以下几个方面。

(1) 美国已经建立了一套价格评估和质量认证制度。据美国汽车经销商协会关于购买二手车的调查报告显示，在众多原因中，最让购买者担心的是价格上受到欺骗和买到了以次充好的车。对此，美国二手车市场建立了合理的价格评估制度和质量认证制度来消除消费者的顾虑。针对价格，美国建立了合理的二手车评估体系，就是说，由公认的二手车价格加上技术鉴定来决定参考价格，除了原来的价格、使用时间和行驶里程数等外，以后的使用寿命和维修成本也会成为重要的参考因素。这样很有可能令使用时间和行驶里程数差不多的两辆二手车，原来价格高的反而要卖得便宜。

(2) 各种车型的参考价格主要由权威机构定期发布。例如，《美国汽车经销商协会二手车价格指南》可以提供二手车价格权威数据，二手车的交易巨头 Manheim 公司根据全球最大汽车批发市场的交易数据，每天更新所制订的二手车价格指数也可以作为参考价格之一，号称买卖二手车"圣经"的《凯利蓝皮书》为美国多数二手车购买者提供了有用的参考。很多二手车消费者在交易前都会查阅这些材料，这样就不用担心成交价格会很离谱。至于如何避免买到以次充好的二手车，美国也采用了一些社会化认证的方法来解决。

(3) 权威的认证机构和贴心的售后服务。迄今为止，美国已经成立了几家比较权威的二手车认证机构，会根据顾客的需要详细检测二手车，会到车辆管理局查阅有关事故等情况，最后向顾客提供一份详细的车况检测报告，然后收取一定的费用。除此之外，美国的二手车车商也很注重二手车的售后服务,在一些州,如果消费者发现购买的二手车有质量问题,在确保二手车没有其他损坏的情况下只要购车后行驶未超过300mile(1mile=1.60934km)或者购车不足3天,可给消费者全额退款。

(4)便利的购买方式。在美国,购买二手车是非常方便的,美国的二手车销售渠道主要有四个,即品牌4S店、拍卖公司、小型二手车经营公司和连锁二手车经销商。其中,品牌4S店二手车业务是当前美国4S店核心业务,而且,所有的公司都会在二手车网络中销售。正常来说,凡是销售新车的经销商都会销售二手车,在推荐新车的同时也会介绍二手车。二手车的置换业务也是经销商经常采用的营销方式,往往销售顾问在介绍新车的同时,还会咨询客户是否有二手车,是否有意置换新车,并让评估师对二手车进行检测评估,给出检测结论和回收价位,在客户同意的情况下置换新车。经销商一般在收购之后对车辆进行整备检修和翻新,然后展厅里销售。

2)英国

英国是最早开始工业革命的国家,不仅有一个成熟的汽车市场,而且有一个更繁荣的二手车市场,二手车的年销量超过新车销量的3倍。根据市场调查表明,英国车辆更新周期为4年,这给二手车市场发展提供了充足的"养分"和广阔的空间。

英国二手车市场不但有完善的流通政策、完备的监督体制、成熟的业务机制,还有全面的服务体系。在英国,买卖二手车是一件十分简单的事情,没有烦琐的程序,英国每辆机动车都有车辆管理部门颁发的登记证书,登记证书上除了标明车辆品牌、型号、牌照号、底盘号、发动机号、生产日期等信息外,还专门设交易栏以供二手车交易使用。

英国的二手车市场的经营体制主要包括品牌经销商、汽车超市、二手车行、拍卖行和个人交易。

(1)品牌经销商。品牌经销商是英国二手车行业的"领头羊",它们归属于各大汽车公司,拥有确定的销售平台,兼顾该品牌的二手车置换和销售。这些车辆的质量都有保证且售后服务也十分完善。不过,由于附加项目多,所以销售价位通常较高。

(2)汽车超市。汽车超市是一个大型的客户自主选择的平台,得到了很多消费者的认可。在英国,汽车超市尤为繁荣。汽车超市几乎都是明码标价,一般不支持议价,且这些超市基本都会提供二手车的置换业务,和新车置换一样,补足差价可以得到心仪的二手车。这些超市将旧车翻新和维修后再出售,但是,汽车超市的汽车销售价位也偏高。

(3)二手车行。二手车行主要受众是低收入群体。二手车行最大的优点是二手车价格比较低,但是车行一般经营不规范,经常出现以次充好、以假乱真的现象。这些车行通常分布在城乡接合部及乡村,在车辆出售时会赠送一些短期的服务。由于价格低,所以市场比较活跃。但是,这些车行经营单一、不受约束,很难使消费者权益得到保障。

(4)拍卖行。拍卖行也是英国二手车市场的一大亮点。参加竞拍的购车者需要提前做功课了解自己心仪的车辆,对车辆全面了解后再拍下车辆。一般情况下,这些购车者都会对车辆进行全面了解,确定车辆是否与拍卖行的检测结果相符,从而进行维权。从拍卖行买到的二手车通常比较便宜,但质量也难以保证。

(5)个人交易。在英国是允许二手车车主进行个人交易的。这种交易可以说是无处不在,例如网络、市场、街道等。不过个人交易的风险比较大,首先要确认所售车辆是否是违法车辆,在保证自身安全的前提下,多次进行接触了解,验车过程中要请懂行的专家进行指导,避免受骗。这种交易最大的优点是价格便宜,最大的缺点就是安全和质量难以保证。

3)日本

日本是亚洲汽车市场的先驱,从20世纪70年代开始起步,仅用了20年左右达到饱和状态,发展到顶峰。在日本,汽车人均保有量较大,二手车市场比较活跃,政策也很健全,形成了特有的二手车交易网络,不同地域间可以相互交易。拍卖会是日本二手车流通非常重要的渠道,日本的拍卖场是以会员制的形式组成的。如果一家有拍卖会,全国各地的经销商便会赶到那里交易。日本针对二手车有一套公正的评估制度,很好地维护了消费者的权益。汽车市场包括新车市场和二手车市场,新车市场和二手车市场又是相互依存、互惠互利的关系。据统计,日本近几年平均每年汽车销量为1000多万辆,二手车交易就占到汽车市场交易量的三分之二,二手车市场非常大。此外,日本强大的汽车产业链也促进了二手车的发展,日本鼓励有能力、有资质、合法的个人和集团参与到这个行业,相关政策也促进了二手车业务的开展。日本的二手车流通方式主要有新车经销商、二手车销售店、二手车收购店和二手车拍卖行。

(1)新车经销商。与欧美国家和地区一样,日本的新车经销商一般都兼营二手车业务,这当中也包含新车置换业务,在二手车市场中占有份额约为1/3,是日本二手车的主力军。

(2)二手车销售店。在日本,二手车销售店是一种常见的经营模式,各大城市均有分布,方便消费者买卖,但大部分二手车销售店规模都比较小,基本没有太大的竞争能力。

(3)二手车收购店。在日本,还有一个新兴的产业,就是二手车收购店。其主要业务是面向普通消费者进行二手车回收,然后,将收来的二手车卖给二手车销售企业,而不对普通消费者进行销售。

(4)二手车拍卖行。日本目前是二手车拍卖行业开展最好的国家,几乎有欧美发达国家和地区二手车拍卖行现有的业务,还开展许多特殊业务。竞拍者不仅可以到现场看车、了解车况及拍卖信息,而且可以用电子竞拍器给出自己理想的价位,增加了拍卖现场的公平性、公开性和实时性,受到竞拍者的普遍欢迎。二手车拍卖行除了接受个人和企业二手车拍卖委托,还可以进行二手车的回收,再进行拍卖,丰富了二手车拍卖行的业务。拍卖行都采用实名注册,注册也对国外的二手车经销商开放,实现了二手车国内市场的拓展。拍卖行一般是定期拍卖,信息更新也比较快,提高了二手车的流通速度,降低了二手车存放成本,加快了二手车更新换代,促进了二手车市场的发展。

1966年,日本成立了旧汽车鉴定协会,开始制定二手车鉴定标准,还开展了鉴定师技能考试和注册鉴定师的进修培训,为规范二手车业务起到了至关重要的作用。现在,日本不仅注册二手车评估师达十几万,能够进行二手车评估的单位也接近一万家。日本现在运用的二手车鉴定标准是由几个大的二手车公司制订的评估标准,如Gulliver公司的监价标准、AUCNET公司的AIS等。丰田、本田、日产等汽车公司都认可并使用AIS。

2. 国内二手车市场

在加入世界贸易组织(WTO)后,中国的汽车流通行业与国际市场接轨,二手车行业的发展超出了人们的判断和想象。我国二手车交易从集中交易模式逐渐转变为多元化经营模式,通过多种渠道不断提高服务质量,以适应不断变化的市场。国家有关部委的一系列政策推动了我国二手车市场的发展,我国交易量从2011年的682万辆增长到2021年的1759万辆,近10年发展保持了平均15.8%的高增速。

2005年,我国颁布实施二手车流通管理办法后,降低了二手车市场准入门槛,出现经纪、拍卖、配送、置换、个人交易等多种经营方式并存的现状,经过近十多年的发展,我国二手车市场也出现了一些问题：二手车市场发展不稳定，二手车交易中存在严重的信息不对称，市场流通机制不完善，交易体系不够成熟；服务简单，二手车品牌建设尚处于发展初期；二手车行业诚信行为的有效监管还未全面形成，市场还存在买卖欺诈行为；二手车专业人员还比较缺乏，导致市场公信力和行业口碑评价较低。

我国二手车市场发展与国外发达国家相比，在新车的交易比例上还存在较大差距，加上近几年新车与新技术迭代加快、新能源汽车快速普及、能源价格导致燃油汽车成本上升等因素，使得国内二手车市场发展面临诸多挑战。但参照新车市场的规模，我国将在5到10年内成为全球二手车交易量最大的单一市场。

三、二手车在汽车后市场中的作用

随着汽车保有量的大幅增加，汽车产业正在由制造业向后市场转移，这是成熟汽车市场较为明显的特征。在汽车产业链中，二手车交易是重要环节之一。二手车市场的繁荣程度反映了一个国家汽车流通领域的成熟度，越是汽车工业发达的国家和地区，二手车交易越活跃，且二手车的交易量往往数倍于新车销量。二手车市场作为汽车流通体系中不可分割的重要组成部分，将在汽车产业中扮演越来越重要的角色。

1）促进汽车在社会资源中的再配置，普及汽车使用

在我国，汽车既是大件高值耐用消费品，又是正在普及的交通工具，很多家庭尤其是年轻人都急切希望拥有一辆汽车，这是新车保持销售增长的动力。但由于新车价格较高，尤其是中高级轿车，限制了汽车在普通收入人群的快速普及。二手车车型丰富、价格比新车便宜，消费者可以以"相对少"的资金买到"相对好"的车辆，是普及汽车使用和满足汽车爱好者需求的首选，可以在不同地区和不同收入人群中实现再配置。我国二手车流通的发展方向是从城市流向乡镇，从东部流向西部，从经济发达的地区流向经济相对落后的地区，从高收入者流向低收入者。

2）增加汽车后市场服务项目，带来更多发展机遇

二手车交易市场、二手车经纪、二手车鉴定评估和二手车拍卖等业务是新车市场及其售后服务中没有的，二手车流通不仅丰富了汽车后市场的服务项目，同时也丰富了汽车产业链的经营主体，使汽车产业链增加了更多的分支链和价值链。此外，二手车也是改装车的原型车，挑选性能相对较好的二手车，用节省的资金添置一些"新装备"，是改装车爱好者的愿望，二手改装车的发展也带动了汽车用品市场的繁荣与发展。

3）延长车辆售后服务，促进产业链稳定繁荣

汽车经销商主要盈利业务为售后服务与二手车业务。开展二手车业务有助于增加服务车源，延长原车的售后服务，增加利润来源。据统计，在汽车销售商的利润来源中，售后服务占50%、汽车销售占20%、零部件销售占10%、二手车经营占20%，这说明二手车业务至少占有汽车后市场的1/5。对于汽车产业链来说，二手车市场的兴盛有利于促进汽车配件、美容、维护等汽车服务行业的繁荣和稳定。

4）带动新车制造和销售，完善汽车流通体系

单向新车销售是不可持续的，只有完善二手车流通体系，才能促进汽车更新换代的频率，加快乘用车进入家庭的步伐，满足不同层次消费者的需求，形成新旧汽车市场相互促进、互为补充、共同发展的良性循环。二手车是新车销售的助推器。

第二节 资产评估基本概念

一、资产评估定义

资产评估是市场经济的产物,其业务涉及企业间的产权转让、资产重组、破产清算、资产抵押以及财产保险、财产纳税等经济行为。经过一百多年的发展,资产评估已经成为现代市场经济中发挥基础性作用的专业服务行业之一。

1. 资产

资产在资产评估中是最基本、最重要,也是使用频率较高的一个概念,理论界对此尚无统一定义。经济学中的资产是泛指特定经济主体拥有或控制的,能够给特定经济主体带来经济利益的经济资源。会计学中的资产是指过去的交易或事项形成并由企业拥有或控制的资源,该资源预期会给企业带来经济利益。在国际评估准则中,强调资产的权益"评估工作的对象与其说是有形资产或无形资产,不如说是有形资产或无形资产的所有权或所有者的权益"。而美国的 USPAP(the Uniform Standards of Professional Appraisal Practice)虽没有对资产定义的描述,但却将资产划分为不动产、动产、无形资产和珠宝首饰等,它们强调"资产的权利事实"。评估学中所说的资产即具有经济资源的属性,强调收益性,又强调权利构成。

根据我国注册资产评估师考试辅导教材对资产的解释,资产具有以下三个基本特征:

(1)资产必须是经济主体拥有或控制的,依法取得财产权利是经济主体拥有并支配资产的前提条件。

(2)资产是能够给经济主体带来经济利益的资源,即可望给经济主体带来现金流入的资源。也就是说,资产具有能够带来未来利益的潜在能力。

(3)资产必须能以货币计量,也就是说资产价值能够运用货币进行计量,否则不能作为资产确认。

资产作为资产评估的客体,存在多种多样的形式,为了科学地进行资产评估,可以对资产进行以下适当的分类:

(1)按资产存在形态分类,可以分为有形资产和无形资产。有形资产是指那些具有实物形态的资产,包括机器设备、房屋建筑物和流动资产等。由于这类资产具有不同的功能和特性,在评估时应分别进行。无形资产是指那些没有实物形态,但在很大程度上制约着企业物质产品生产能力和生产质量,直接影响企业经济效益的资产,主要包括专利权、商标权、非专利技术、土地使用权、商誉等。

(2)按资产的构成和是否具有综合获利能力分类,可以分为单项资产和整体资产。单项资产是指单台、单件的资产,整体资产是指由一组单项资产组成的具有整体获利能力的资产综合体。

(3)按资产能否独立存在分类,可以分为可确指的资产和不可确指的资产。可确指的资产是指能独立存在的资产,前面所列示的有形资产和无形资产,除商誉以外都是可确指的资产;不可确指的资产是指不能脱离企业有形资产而单独存在的资产,如商誉。商誉是指企业基于地理位置优越、信誉卓著、生产经营出色、劳动效率高、历史悠久、经验丰富、技术先进等原因,所获得的投资收益高于一般正常投资收益所形成的超额收益资本化的结果。

(4)按资产与生产经营过程的关系分类,可以分为经营性资产和非经营性资产。经营性资产,是指处于生产经营过程中的资产,如企业中的机器设备、生产用厂房、交通工具等。经营性资产又可按是否对盈利产生贡献分为有效资产和无效资产。非经营性资产是指处于生产经营过程以外的资产。

(5)按现行企业会计制度及其资产的流动性分类,可以分为流动资产、长期投资、固定资产和无形资产等。

2. 资产评估

资产评估经历了上百年的发展,评估范围在不断扩展,现在资产评估不仅已成为一个独立的行业,而且资产评估已成为一个约定俗成的概念和专业术语。目前学术界和行业内对资产评估比较公认的表述为:资产评估是专业机构和人员,按照国家法律、法规和资产评估准则,根据特定目的,遵循评估原则,依照相关程序,选择适当的价值类型,运用科学方法,对资产价值进行分析、估算并发表专业意见的行为和过程。

资产评估作为一种评价过程,要经历若干评估步骤和程序,同时也会涉及以下基本的评估要素:

(1)评估主体,即从事资产评估的机构和人员,他们是资产评估工作的主导者。我国对汽车评估机构和人员有严格要求和限制。

(2)评估客体,即被评估的资产,它是资产评估的具体对象,也叫评估对象。汽车评估客体不仅仅是车辆本身,有时还包括与车辆相关的无形资产,如评估长途客运车辆时,往往还包括线路营运权等。

(3)评估目的,即资产业务引发的经济行为对资产评估结果的要求,或资产评估结果的具体用途。它直接或间接地决定和制约资产评估的条件,以及价值类型的选择。

(4)评估依据,即资产评估工作所遵循的法律、法规、经济行为文件、重大合同协议以及收费标准和其他参考依据。

(5)评估原则,即资产评估的行为规范,是调节评估当事人各方关系、处理评估业务的行为准则。

(6)评估程序,即资产评估工作从开始准备到最后结束的工作程序。

(7)评估价值类型,即对评估价值的规定,它对资产评估参数的选择具有约束性。

(8)评估方法,即资产评估所运用的特定技术,是分析和判断资产评估价值的手段和途径。

(9)资产评估假设,即资产评估得以进行的前提条件假设等。

(10)资产评估基准日,即资产评估价值对应的时点。

3. 价格与价值

资产评估理论中的价格是指在特定的交易行为中,特定的买方或卖方对商品或服务的交换价值的认可,以及提供或支付的货币数额。价格是一个历史数据或事实,是特定的交易行为中特定买方和卖方对商品或服务实际支付或收到的货币数额。

资产评估理论中的价值属于交换价值范畴,它反映了可供交易的商品、服务与其买方、卖方之间的货币数量关系。资产评估中的价值不是一个历史数据或事实,它只是专业人士根据特定的价值定义在特定时间内对商品、服务价值的估计。

资产评估的目标是判断评估对象的价值而不是评估对象的实际成交价格。

二、资产评估的种类和特点

1. 资产评估的种类

由于资产种类的多样化、资产业务的多样化,以及资产评估委托方及其相关当事人对资产评估内容及其报告需求的多样化,资产评估也相应出现了多种类型。

(1)按资产评估对象的构成和获利能力划分,资产评估可具体划分为单项资产评估和整体资产评估。

①对以单项可确指的资产为对象的评估称为单项资产评估,例如,机器设备评估、土地使用权评估、建筑物评估、无形资产评估等。

②对若干单项资产组成的资产综合体所具有的整体生产能力或获利能力的评估称为整体资产评估,最为典型的整体资产评估就是企业价值评估。

单项资产评估和整体资产评估在评估的复杂程度和需要考虑的相关因素等方面有较大差别,整体资产评估更为复杂,需考虑的因素更为全面。

(2)按引起资产评估的经济行为划分,资产评估可划分为资产转让评估、企业兼并评估、企业出售评估、企业改制评估、股权重组评估、中外合资/合作资产评估、企业清算评估、税基评估、抵押评估、资产担保评估、债务重组评估等。

(3)按资产评估服务的对象、评估的内容和评估者承担的责任等角度划分,资产评估还可分为评估、评估复核和评估咨询。

(4)按资产评估面临的条件、资产评估执业过程中遵循资产评估准则的程度及其对评估报告披露的要求的角度划分,资产评估可分为完全资产评估和限制性资产评估。

2. 资产评估的特点

理解资产评估的特点对提高资产评估质量具有重要意义,一般来说,资产评估具有以下几方面的特点:

(1)*市场性*。资产评估是适应市场经济要求的专业中介服务活动,其基本目标就是根据资产业务的不同性质,通过模拟市场条件对资产价值做出经得起市场检验的评定估算和报告。

(2)*公正性*。公正性是指资产评估行为服务于资产业务的需要,而不是服务于资产业务当事人任何一方的需要。公正性的表现有两点:一是资产评估按公允、法定的准则和规程进行,公允的行为规范和业务规范是公正性的技术基础;二是评估人员是与资产业务没有利害关系的第三者,这是公正性的组织基础。

(3)*专业性*。资产评估是专业人员的活动,从事资产评估业务的机构应由一定数量和不同类型的专家及专业人士组成。一方面,这些资产评估机构形成专业化分工,使得评估活动专业化;另一方面,评估机构及其评估人员对资产价值的估计判断也都是建立在专业技术知识和经验的基础之上的。

(4)*咨询性*。咨询性是指资产评估结论是为资产业务提供专业化的评估意见,该意见本身并无强制执行的效力,评估师只对结论本身是否合乎职业规范要求负责,而不对资产业务定价决策负责。事实上,资产评估为资产交易提供的估价往往由当事人作为要价和出价的参考,最终的成交价取决于当事人的决策动机、谈判地位和谈判技巧等综合因素。

三、资产评估的假设与原则

1. 资产评估的假设

资产评估与其他学科一样,其理论体系和方法体系的确立也是建立在一系列假设基础之上的,其中交易假设、公开市场假设、持续使用假设和清算假设是资产评估中的基本前提假设。

(1)交易假设。交易假设是资产评估得以进行的一个最基本的前提假设。交易假设是假定所有待评估资产已经处在交易过程中,评估师根据待评估资产的交易条件等模拟市场进行估价。资产评估其实是在资产实施交易之前进行的一项专业服务活动,而资产评估的最终结果又属于资产的交换价值范畴。为了发挥资产评估在资产实际交易之前为委托人提供资产交易底价的专家判断作用,同时又能够使资产评估得以进行,利用交易假设将被评估资产置于"市场交易"中,模拟市场进行评估就成为可能。

交易假设一方面为资产评估得以进行"创造"了条件;另一方面,它明确限定了资产评估外部环境。资产评估不能脱离市场条件而孤立地进行。

(2)公开市场假设。公开市场假设是对资产拟进入市场的条件,以及资产在这样的条件下接受何种影响的一种假设说明或限定。公开市场假设的关键在于认识和把握公开市场的实质和内涵。就资产评估而言,公开市场是指充分发达与完善的市场条件,是一个有资源的买者和卖者的竞争性市场,在这个市场上,买者和卖者的地位是平等的,彼此都有获取足够市场信息的机会和时间,买卖双方的交易行为都是在自愿的、理智的,而非强制或不受限制的条件下进行的。事实上现实中的市场条件未必真能达到上述公开市场的完善程度。公开市场假设就是假定存在较为完善的公开市场,被评估资产将要在这样一种公开市场中进行交易。当然公开市场假设也是基于市场客观存在的现实,即资产在市场上可以公开买卖这样一种客观事实为基础的。

由于公开市场假设假定市场是一个充分竞争的市场,资产在公开市场上实现的交换价值隐含着市场对该资产在当时条件下有效使用的社会认同。

公开市场假设旨在说明一种充分竞争的市场条件,在这种条件下,资产的交换价值受市场机制的制约并由市场行情决定,而不是由个别交易决定。

公开市场假设是资产评估中的一个重要假设,其他假设都是以公开市场假设为基本参照。公开市场假设也是资产评估中使用频率较高的一种假设,凡是能在公开市场上交易、用途较为广泛或通用性较强的资产,都可以考虑按公开市场假设前提进行评估。

(3)持续使用假设。持续使用假设也是对资产拟进入市场的条件,以及在这样市场条件下的资产状态的一种假定性描述或说明。该假设首先设定被评估资产正处于使用状态,包括正在使用中的资产和备用的资产;其次根据有关数据和信息,推断这些处于使用状态的资产还将继续使用下去。持续使用假设既说明了被评估资产面临的市场条件或市场环境,同时着重说明了资产的存续状态。按照通行的说法,持续使用假设又细分为三种具体情况:一是在用续用;二是转用续用;三是移地续用。在用续用指的是处于使用中的被评估资产在产权发生变动或资产业务发生后,将按其现行正在使用的用途及方式继续使用下去。转用续用则是指被评估资产将在产权变动发生后或资产业务发生后,改变资产现时的使用用途,调换新的用途继续使用下去。移地续用是说被评估资产在产权变动发生后或资产业务发生后,改变资产现在的空间位置,转移到其他空间位置上继续使用。

由于持续使用假设是在一定市场条件下对被评估资产使用状态的一种假定说明,在持续使用假设前提下的资产评估及其结果的适用范围常常是有限制的。在许多场合下评估结果并没有充分考虑资产用途替换,它只对特定的买者和卖者是公平合理的。

持续使用假设也是资产评估中的一个非常重要的假设,尤其在我国,经济体制处于转轨时期,市场发育尚未完善,资产评估活动大多与老企业的存量资产产权变动有关。因此,被评估对象经常处于或被推定在持续使用的假设前提下。充分认识和掌握持续使用假设的内涵和实质,对于我国的资产评估来说有着重要意义。

(4)清算假设。清算假设是对资产拟进入市场条件的一种假定说明或假定。具体而言,是对资产在非公开市场条件下被迫出售或快速变现条件的假定说明。清算假设首先是基于被评估资产面临清算或具有潜在的被清算的事实或可能性,再根据相应数据资料推定被评估资产处于被迫出售或快速变现的状态。由于清算假设假定被评估资产处于被迫出售或快速变现条件之下,被评估资产的评估值通常要低于在公开市场假设前提下或持续使用假设前提下同样资产的评估值。因此,在清算假设前提下的资产评估结果的适用范围是非常有限的。当然,清算假设本身的使用也是较为特殊的。

2. 资产评估的原则

1)资产评估工作原则

资产评估工作的性质决定了资产评估机构及其资产评估师在执业过程中应坚持独立、客观公正和专业服务等工作原则。

(1)独立性原则。资产评估中的独立性原则包含有两层含义:一是评估机构本身应是独立的、不依附他人的社会中介组织,在利益上和业务各方无任何联系;二是在执业过程中,评估工作人员应坚持独立的第三者地位,进行独立公正的评估。

(2)科学性原则。要求资产评估机构和评估人员必须遵循科学的评估标准,制订科学的评估方案,采用科学的评估方法进行工作。

(3)客观公正原则。评估机构和工作人员在评估工作中要以实际材料为基础,以事实和事物发展的内在规律为依据,以求真务实态度为指针,实事求是得出评估结果。

2)资产评估经济技术原则

资产评估经济技术原则是指在资产评估执业过程中的一些技术规范和业务准则。它们为评估人员在执业过程中的专业判断提供技术依据和保证。经济技术原则主要包括:

(1)预期收益原则。预期收益原则是以技术原则的形式概括出资产及其资产价值的最基本的决定因素。资产之所以有价值是因为它能带来未来经济利益,资产价值的高低主要取决于它能为其所有者或控制者带来的预期收益量的多少。

(2)供求原则。资产的价值评估必须分析市场上的供求关系,假定在其他条件不变的前提下,资产的价格随着需求的增长而上升,随着供给的增加而下降。尽管资产价格随着供求变化并不成固定比例变化,但变化的方向都带有规律性。评估人员在判断资产价值时应充分考虑供求关系。

(3)贡献原则。贡献原则是预期收益原则的一种具体化原则。它要求资产价值的高低要由该资产的贡献来决定。贡献原则主要适用于构成某整体资产的各组成要素资产的贡献,或者是当整体资产缺少该项要素时资产将蒙受的损失。

(4)替代原则。按市场规律,在同一市场上,具有相同使用价值和质量的商品,应有大致相同的交换价值。在资产评估中确实存在着评估数据、评估方法等的合理替代问题,正确运用替代原则是公正进行资产评估的重要保证。

(5)评估时点原则。市场变化,资产价值也会随着市场条件的变化而不断变化。为保证资产评估结果可以被市场检验,在资产评估时,必须假定市场条件固定在某一时点,这一时点就是评估基准日,也叫估价日期。它为资产评估提供了一个时间基准。资产评估的评估时点原则要求资产评估必须有评估基准日,而且评估值就是评估基准日的资产价值。

第三节 二手车鉴定评估概述

商务部令2017年第3号,公布了《商务部关于废止和修改部分规章的决定》。其中,经商务部、公安部、工商总局、税务总局同意,删去《二手车流通管理办法》(商务部、公安部、工商总局、税务总局令〔2005〕第2号)第九条、第十条、第十一条。《二手车流通管理办法》第二条给出了二手车的定义。二手车是指从办理完注册登记手续到达到国家强制报废标准之前进行交易并转移所有权的汽车(包括三轮汽车、低速载货汽车)、挂车和摩托车。

二手车鉴定评估是指二手车鉴定评估机构对二手车技术状况及其价值进行鉴定评估的经营活动。二手车鉴定估价应当本着买卖双方自愿的原则,不得强制进行;属国有资产的二手车应当按国家有关规定进行鉴定评估。二手车鉴定评估机构应当遵循客观、真实、公正和公开原则,依据国家法律法规开展二手车鉴定评估业务,出具车辆鉴定评估报告;并对鉴定评估报告中车辆技术状况,包括是否属事故车辆等评估内容负法律责任。需要指出的是,二手车评估定价人员必须经过专业培训,通过国家有关部门组织的资格考试,取得"二手车鉴定估价师"执业资格证书,方可上岗从事有关二手车鉴定评估业务。

一、二手车鉴定评估主体和客体

1. 二手车鉴定评估主体

二手车鉴定评估的主体是指二手车鉴定评估业务的承担者,即从事汽车鉴定评估的机构及专业鉴定评估人员。由于二手车鉴定评估直接涉及当事人双方的权益,是一项政策性、专业性都很强的工作,因此无论是对专业评估机构,还是对专业评估人员都有较高的要求。

1)对二手车评估机构的要求

2020年12月11日,《国务院关于修改和废止部分行政法规的决定》(中华人民共和国国务院令第732号)第六条规定,将《国有资产评估管理办法》第三条第三项中的"中外合资经营企业或者中外合作经营企业"修改为"外商投资企业"。按照我国1991年11月颁布的《国有资产评估管理办法》第九条的规定,资产评估公司、会计师事务所、审计事务所、财务咨询公司,必须获有省级以上国有资产评估资格证书,才能从事国有资产评估业务。

2)对二手车专业评估人员的要求

(1)二手车专业评估人员必须掌握一定的资产评估业务理论,熟悉并掌握国家颁布的与二手车交易有关的政策、法规、行业管理制度及有关的技术标准。

(2)具有一定的二手车专业知识和实际的检测技能,能够借助必要的检测工具,对二手车的技术状况进行准确的判断和鉴定。

(3)具有较高的收集、分析和运用信息资料的能力及一定的评估技巧。

(4)具备经济预测、财务会计、市场、金融、物价、法律等多方面的知识。

(5)具有良好的职业道德,遵纪守法,公正廉明,保证二手车评估质量。

此外，二手车鉴定评估的从业人员还需经过严格的考试或考核，取得国家劳动和社会保障部颁发的"二手车鉴定评估师"证书。

2. 二手车鉴定评估客体

二手车鉴定评估的客体是指被评估的车辆，它是鉴定评估的具体对象。被评估车辆又可以按照不同标准分类，可分为汽车、电车、摩托车、农用运输车、拖拉机和挂车等；按照车辆的使用用途，可以将机动车辆分为营运车辆、非营运车辆和特种车辆。二手车鉴定评估的一个主要目的，就是在二手车的交易过程中，准确地确定二手车的价格，并以此作为买卖成交的参考底价。根据商务部发布的《二手车流通管理办法》的规定，以下车辆不允许进行交易：

(1) 已报废或者达到国家强制报废标准的车辆；

(2) 在抵押期间或者未经海关批准交易的海关监管车辆；

(3) 在人民法院、人民检察院、行政执法部门依法查封、扣押期间的车辆；

(4) 通过盗窃、抢劫、诈骗等违法犯罪手段获得的车辆；

(5) 发动机号码、车辆识别代号或者车架号码与登记号码不相符，或者有凿改迹象的车辆；

(6) 走私、非法拼(组)装的车辆；

(7) 不具有《二手车流通管理办法》第二十二条所列证明、凭证的车辆；

(8) 在本行政辖区以外的公安机关交通管理部门注册登记的车辆；

(9) 国家法律、行政法规禁止经营的车辆。

此外，车辆上市交易前，必须先到公安交通管理机关申请临时检验，经检验合格，在其行驶证上签注检验合格记录后，方可进行交易。二手车交易市场经营者和二手车经营主体发现车辆具有(4)(5)(6)情形之一的应当及时报告公安机关、工商行政管理部门等执法机关。

对交易违法车辆的二手车交易市场经营者和二手车经营主体应当承担连带赔偿责任和其他相应的法律责任。

二、二手车鉴定评估目的和范围

1. 二手车鉴定评估目的

二手车鉴定评估的目的是为了正确反映机动车的价值量及其变动，为将要发生的经济行为提供公平的价格尺度。在二手车交易市场，二手车鉴定评估的主要目的有：二手车辆交易、车辆置换、抵押贷款、法律诉讼咨询服务、车辆拍卖、保险、担保、典当、修复、价格评估等。

除此以外，二手车鉴定评估的一个重要目的就是要鉴定和识别走私、盗抢、报废、拼装等非法车辆，防止其通过二手车市场重新流入社会。

2. 二手车鉴定评估范围

汽车鉴定评估行为逐步渗透到社会的各个领域，成为资产评估重要组成部分。通过二手车评估目的可见二手车评估的范围包括：

(1) 在流通领域，二手车在不同消费能力群体中互相转手，需要鉴定估价；

(2) 有关企业开展收购、代购、代销、租赁、置换、回收(拆解)等二手车经营业务需要鉴定估价；

(3) 在金融系统，银行、信托商店及保险公司开展抵押贷款、典当、保险理赔业务时，需

要对相关车辆进行鉴定估价;

(4)有关单位通过拍卖形式处理罚没车辆、抵押车辆、企业清算等车辆时,需要对车辆进行鉴定评估以获取拍卖底价;

(5)司法部门在处理相关案件时,也需要以涉案车辆的鉴定评估结果作为裁定依据;

(6)企业或个人在公司注册、合资、合作、联营及合并、兼并、重组过程中也会涉及二手车鉴定评估业务。

三、二手车鉴定评估业务类型

二手车鉴定评估业务类型是指鉴定评估的业务性质。按鉴定评估服务对象不同,把鉴定评估的业务类型分为交易类和咨询服务类业务。交易类业务是服务于二手车交易市场内部的交易业务,它收取交易管理费的一部分作为有偿服务;咨询服务类业务是服务于二手车交易市场外部的非交易业务,它是按各地方政府物价管理部门对二手车鉴定评估制定的有关规定实行有偿服务,如融资业务的抵押贷款评估,为法院提供的咨询服务等。

四、二手车鉴定评估依据和原则

1. 二手车鉴定评估依据

二手车鉴定评估工作和其他工作一样,在评估时必须有正确的科学依据,这样才能得出较正确的结论。其主要依据包括:

(1)理论依据。二手车鉴定评估的理论依据是资产评估学,其操作按国家规定的方法进行。

(2)政策法规依据。二手车鉴定评估工作政策性强,依据的主要政策法规有:《国有资产评估管理办法》(2020年修订)、《国有资产评估管理办法实施细则》《二手车流通管理办法》(2017年修订)、《机动车强制报废标准规定》《中华人民共和国资产评估法》《中华人民共和国道路交通安全法》(2021年修订)、《资产评估基本准则》《资产评估执业准则——资产评估程序》《新能源乘用车二手车鉴定评估技术规范 第1部分:纯电动汽车》,以及其他方面的政策法规。

(3)价格依据。一是历史依据,主要是二手车辆的账面原值、净值等资料,它具有一定的客观性,但不能作为评估的直接依据;二是现实依据,即在评价评估值时都要以基准日这一时点的现时条件为准,即现时的价格、现时的车辆功能状态。

2. 二手车鉴定评估原则

二手车鉴定评估的原则是对二手车鉴定评估的行为规范,为了保证鉴定评估结果的真实、准确,并做到公平合理,被社会承认,就必须遵循一定的工作技术原则。

(1)公平性原则。公平、公正是二手车鉴定评估工作人员应遵守的一项最基本的道德规范。鉴定评估人员的思想作风、工作态度应当公正无私。对评估结果应该是公道、合理的,而绝对不能偏向任何一方。

(2)独立性原则。独立性原则是要求二手车鉴定评估工作人员应该依据国家有关法规和规章制度及可靠的资料数据,对被评估的二手车价格进行独立地评定。坚持独立性原则,是保证评估结果具有客观性的基础。

(3)客观性原则。客观性原则是指评估结果应有充分的事实为依据。它要求对二手车计算所依据的数据资料必须真实,对技术状况的鉴定分析实事求是。

(4)科学性原则。科学性原则是指在二手车评估过程中,必须根据评估的特定目的,选择适用的评估标准和方法,使评估结果准确合理。

(5)专业性原则。专业性原则要求鉴定评估人员接受国家专门的职业培训,经职业技能鉴定合格后由国家统一颁发执业证书,持证上岗。

(6)可行性原则。可行性原则亦称有效性原则。要想使鉴定评估的结果真实可靠又简便易行,就要求鉴定评估人员是合格的,具有较高的素质,评估中利用的资料数据是真实可靠的,鉴定评估的程序与方法是合法的、科学的。

习题

1. 名词解释

二手车　　　　资产　　　　　　　资产评估
价格与价值　　二手车鉴定评估主体　　二手车鉴定客体

2. 简述资产评估的基本要素。
3. 简述二手车鉴定评估的目的。
4. 简述二手车鉴定评估的原则。
5. 简述二手车在汽车后市场中的作用。

第二章 汽车技术状况鉴定

汽车在日常使用过程中,随着行驶里程的增加、各种事故(剐蹭、碰撞等)的发生以及用户的维修不够及时充分,导致汽车的技术状况逐渐下降,如零部件发生松动、磨损、锈蚀、变形、老化等现象,致使整车的性能如动力性、操控性、制动性、经济性、安全性、可靠性、环保性、舒适性等下降,有些症状可以从汽车外观上看出,如车身变形、油漆剥落、零件锈蚀等现象,而有些技术状况需要通过仪器检测才能发现,如制动力不足、排放污染物增加等现象,这些技术状况的变化都会影响整车的价值。而二手车交易的前提就是正确鉴定该车的各种技术状况。

汽车的技术状况是由汽车的各种性能参数决定的。这些性能参数有些可以通过简单的直观检查即可获得,有些需要通过各种检测仪器、设备进行检测获得,所以,汽车技术状况的检测一般有三种:

(1)静态检查。静态检查就是汽车处于静止状态,鉴定评估人员根据自身的经验和技能,辅之以简单的工具,对在用车辆的技术状况进行直观检查和鉴定。

(2)动态检查。动态检查就是汽车处于运动状态或者发动机运转时,鉴定评估人员根据自身的经验和技能,辅之以简单的工具,对在用车辆的技术状况进行直观检查和鉴定。

(3)仪器检测。所谓仪器检测就是使用各种仪器、设备对车辆的技术性能和故障进行综合性的检测和诊断,定量地、客观地鉴定汽车的技术状况。

第一节 二手车技术状况鉴定方法

一、二手车技术状况鉴定定义

车辆技术状况(简称车况)是指汽车安全性能、动力性能、操作性能、尾气排放、车容车貌等多项指标技术现状的总称。国家质量监督检验检疫总局和国家标准化委员会联合发布了国家标准《二手车鉴定评估技术规范》(GB/T 30323—2013),对二手车技术状况鉴定和评估做出了统一规范,其实施意义在于让评估过程信息透明,评估指标量化具体,有规范可依。评估人员按照评估标准统一评估方法、统一鉴定要求、统一评估流程,进行二手车鉴定和价值评估。国家标准对二手车技术状况鉴定做出了如下定义:二手车技术状况鉴定(Technical Inspection)是指对车辆技术状况进行缺陷描述和等级评定。二手车技术状况鉴定的目的是为二手车价值评估提供技术依据。

二、技术状况鉴定范围和内容

1. 技术状况鉴定范围

本章介绍的二手车技术状况鉴定范围和内容只适用于可交易的车辆,《二手车流通管理办法》第二十三条规定禁止交易的车辆和事故车不包括在内,国家标准《二手车鉴定评估技术规范》将事故车定义为汽车最重要的 13 个车体结构部位受损的车辆,车体结构示意图如图 2-1 所示。

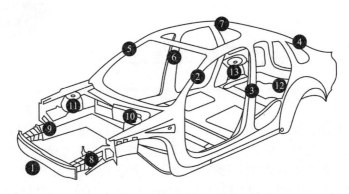

图 2-1　车体结构示意图

1-车体左右对称性;2-左 A 柱;3-左 B 柱;4-左 C 柱;5-右 A 柱;6-右 B 柱;7-右 C 柱;8-左前纵梁;9-右前纵梁;10-左前减振器悬架部位;11-右前减振器悬架部位;12-左后减振器悬架部位;13-右后减振器悬架部位

2.技术状况鉴定内容

汽车是一部复杂的运动机器,要完整地鉴定评估其技术状况需要从静态检查和动态检查多方面、多角度考察。技术状况鉴定内容包括:车辆基本信息及重要配置信息检查和技术状况等级鉴定两方面。按照车身、发动机舱、驾驶舱、起动、路试、底盘等项目顺序检查鉴定车辆的技术状况。

三、事故车鉴别

汽车是移动的机器,其常发生的事故多是由撞击造成的,所以事故车可分为撞击类事故车和非撞击类事故车两大类型。撞击类事故车经常遇到,所以通常所说的事故车就是指这种撞击类事故车。水泡车、火烧车属于非撞击类事故车,相对少见些,因此也常被称为"特殊事故车",在二手车鉴定评估中将程度严重的水泡车和火烧车按事故车处理。

1.撞击类事故车鉴别方法

1)事故车定义

汽车使用中存在各种各样的事故,伤及车体部位也不同,但不是所有车体受伤的车辆都被视为事故车。国家标准《二手车鉴定评估技术规范》中从保护乘员安全的使用角度出发,对事故车的车体结构损伤部位及出现缺陷状态作了限定和描述,只有符合规定的车体结构部位存在所描述的缺陷时,才被称为事故车。根据这一规定,在本书中将事故车特别定义如下:

事故车是指车体结构中 13 个重要部位(即车体左右对称性、左右 A/B/C 柱、左右纵梁和前后左右减振器悬架)中任何一个外观检查项目存在变形、扭曲、更换、烧焊和褶皱中对应缺陷的受损车辆。这 13 个车体部位的具体名称和代码见表 2-1、在车体上的分布如图 2-1 所示、缺陷的名称和代号见表 2-2。

至于剐蹭或者轻微追尾等事故所造成的漆面、凹陷等外观损伤(即皮外伤),虽经过钣金和补漆修复,但由于没伤及上面所述的 13 项车体结构,所以不属于事故车。

车体部位代码表　　　　　　　　　　表 2-1

代　码	检查项目	代　码	检查项目
1	车体左右对称性	8	左前纵梁
2	左 A 柱	9	右前纵梁
3	左 B 柱	10	左前减振器悬架部位
4	左 C 柱	11	右前减振器悬架部位
5	右 A 柱	12	左后减振器悬架部位
6	右 B 柱	13	右后减振器悬架部位
7	右 C 柱		

车辆缺陷的名称和代号　　　　　　　　表 2-2

代表字母	BX	NQ	GH	SH	ZZ
缺陷描述	变形	扭曲	更换	烧焊	褶皱

2)鉴别方法

常见的事故车多为碰撞事故造成的。分为前方碰撞、侧面碰撞、后方碰撞和翻滚碰撞等类型。较严重的碰撞,一般都会造成如图 2-1 所示车体部位受损,仔细检查这些部位能有效识别是否为事故车。

(1)检测车体左右对称性。车体结构受损扭曲变形会造成车体左右不对称。检测时,所有轮胎充气到规定气压值,车辆停放在水平路面或水平测试台上,如图 2-2 所示。国家标准《机动车运行安全技术条件》(GB 7258—2017)规定车体应周正,车体外缘左右对称部位高度差应小于等于 40mm。通常汽车车体左右基本都是对称的,利用车体左右对称性,通过测量值比较可以发现车体扭曲变形的程度。车体外缘左右对称部位高度差大于 40mm 时,则该车为事故车。

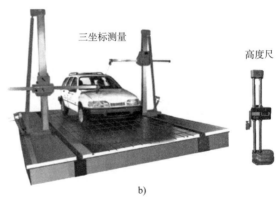

图 2-2　车体左右对称性检测

(2)按照表 2-1 所示的检查项目内容,检查图 2-1 所示车体结构部位的外观,当表 2-1 中任何一个检查项目存在表 2-2 中对应的缺陷时,则该车为事故车。

(3)上述(2)的检测中,可以使用漆面厚度检测仪检测漆面下看不见的凹陷、烧焊部位的漆面厚度,与其他正常部位漆面厚度比较,辅助判定这些部位是否存在缺陷。通常缺陷部位经过人工修复补漆后,漆面厚度都会大大高于原厂机器喷漆厚度,漆厚度均匀性也差于机器喷漆。

具体检查鉴别方法如下：

①检查发动机舱左右纵梁(图2-1所示的位置8和位置9)是否有扭曲或变形、拼接和焊接的痕迹(最好配合将汽车举升起来从车底检查)。纵梁被压缩、扭曲严重时，通过外力拉伸已达不到校直目的，可能采取切断+拼接+焊接方法修复。此外，还可以通过水箱框架上的圆凹形焊点是否变形或紧固螺栓是否拧动过、是否有刷漆痕迹，框架表面有无褶皱、焊接的痕迹，左右翼子板内衬和前照灯部位金属板有无褶皱、焊接的痕迹，辅助判断是否发生过碰撞事故。一般伤及水箱框架的碰撞，都会伤及左右纵梁。左右纵梁变形后会造成车体左右不对称，可通过图2-2所示的测量方法检查。

②检查左右减振器悬架部分(图2-1所示的位置10和位置11)。悬架是车体与车桥(或车轮)连接的重要部件，这部分受损表明车辆发生过严重事故。重点检查发动机舱内的减振器座，看左右减振器座外形是否对称，是否有变形或焊接修复的痕迹，连接减振器的紧固螺栓是否拧动过(一般螺栓上面有画线标记，标线错开表示拆卸过了)。

③检查A/B/C柱(图2-1所示的位置2～位置7)有无钣金切割过、拼接和焊接过的痕迹。柱体受损严重时，也常采用切断、中间拼接的方法修复。检查时将密封条拉开，看是否有断接痕迹，焊点是否为原厂焊点(原厂机器焊点应该是呈圆形并且略有凹陷的状态)。如果焊点粗糙且排列不均，且A柱、B柱、C柱的两侧油漆存在色差，可以肯定这辆车应该是辆事故车；此外，可用油漆厚度仪检测柱面油漆厚度，辅助判断车柱是否修复过。一般涂过原子灰和补过漆部位的漆面厚度数值会比原漆大。

④检查行李舱左右减振器座(图2-1所示的位置12和位置13)左右两边外形是否对称，是否有变形或焊接修复的复迹，行李舱底板或者是后尾板处有无切割焊接的痕迹，或者是后翼子板和后减振器座的内衬板处是否有焊接的痕迹。

⑤查4S店维修记录、保险事故理赔记录也是辅助判断该车是否为事故车的种方法。目前国内大大小小的保险公司，都已实现了信息共享。之前出过的事故，哪怕更换了车主和保险公司，只要车架号不变，车辆的事故记录就一直会延续。4S店维修记录不一定准确，因为有些保险公司会指定维修地点，不一定是该车品牌4S店。

除了从上述13个车体结构部位损伤鉴别事故车外，还可以从这些结构部位构成的整车壳体框架内安装的重要设备受损情况推断是否为事故车。例如发动机舱和驾驶舱内一般不容易受外力撞击损坏的设备，如发动机舱内的发动机、水箱，驾驶舱内的安全气囊、仪表板等，壳体框架起到保护这些车内安装设备的作用，如果车内的重要设备受到外力撞击损坏严重，那么这13个车体结构部位中的对应位置也受到损坏，因此，只要判断车内重要设备受到外力撞击而损坏程度很大，就可以判定保护其安全的车体前梁、前减振器悬架部位也受损严重，尽管车体结构修复效果很好，看不出损伤程度，也应是事故车。通常车体检查发现符合以下情景任何一条的，都属于事故车。

①经过撞击，损伤到发动机舱和驾驶舱的车辆。
②车身后翼子板撞击损伤超过其1/3的车辆。
③纵梁有焊接、切割、整形、变形的车辆。
④减振器座有焊接、切割、整形、变形的车辆。
⑤A/B/C柱有焊接、切割、整形、变形的车辆。
⑥因撞击造成汽车安全气囊弹出的车辆。
⑦其他不可拆卸部位有严重的焊接、切割、整形、变形的车辆。

3）缺陷描述

根据表2-1、表2-2,对车体状态用表达式"车身部位＋状态"进行缺陷描述。例：表达式4SH,车体状态缺陷描述为：左C柱有烧焊痕迹。

2. 水泡车鉴别方法

一般常用闻、看、摸的方法鉴别水泡车。具体检查、鉴别项目见表2-3所示综合评定,以下是其中部分项目的检查方法和表述。

（1）闻。雨水积水带有一定的腐蚀性气味和混杂着泥土的腥味,被水浸泡过的车一定会有异味,所以用"闻"是比较快捷的鉴别方法。重点闻以下部位：

①闻内饰。内饰是驾驶舱内各种装饰面料,包括座椅及内衬等,一般水泡车的修复很少有全部更换内饰和清理得很干净的,这样成本很高。水泡过的内饰面料纤维表面吸附有细菌和杂质,晒干或吹干后很容易闻出异味。修复后的水泡车内饰气味一般会有两种情况,一种是腥（或霉）味,一种是非常香。腥是因为内饰没有处理好,一般来说,座椅、顶棚内衬等清洗过后不晒足十天半个月,后期肯定有腥味（或霉味）。另一种非常香的情况,是想用香水味掩盖掉腥味,但是仔细闻的话,还是能闻出来掺杂的土腥味。

②闻空调出风口。制冷系统内部管线是非常难以处理的,积水在里面容易发霉,这个地方很容易被人忽略。检查方法是：把空调风量调到最低,然后近距离闻气味,检查是否有很重的鱼腥味或湿霉气味吹出来。

③闻安全带。拆安全带需要找到座椅的线路,卸掉安全气囊、拆感应器等很麻烦,而且装上去之后还不知道能否恢复正常的功能,所以一般不会拆安全带出来清洗晾晒。我们可以把安全带拉到尽头闻它的味道,加以判断。

水泡车检查项目一览表　　表2-3

序号	检查项目	缺陷描述	缺陷程度
1	车内气味	是否有霉味	
2	内饰(车顶、座椅地毯、仪表板等)	是否有水渍痕迹	
3	车门地板及死角	是否锈蚀	
4	车内地毯	是否褶皱不平、有泥沙痕迹	
5	座椅滑轨,座椅海绵	是否锈蚀、有泥沙痕迹	
6	脚踏板及方向柱	是否锈蚀	
7	安全带及底座	是否有变色霉斑水渍、泥垢残留	
8	熔断器盒	是否有泥垢	
9	空调出气死角及气味	是否有泥垢环境、霉味	
10	仪表板内线束及接头	是否龟裂、有泥垢	
11	前后各种车灯	是否有进水痕迹,是否颜色泛黄,是否有水雾	
12	发动机舱线束和接头	是否有龟裂、有泥垢	
13	发动机舱盖隔音棉及折边	是否有泥垢痕迹	
14	水箱散热器	是否有淤泥痕迹	

续上表

序号	检查项目	缺陷描述	缺陷程度
15	发动机舱内金属围板、金属件、焊点及螺丝头	是否普遍锈蚀，是否有拆卸、泥垢痕迹	
16	行李舱内金属围板、焊点及螺丝头、备胎槽及固定架、备胎饰板	是否普遍生锈，是否有泥垢痕迹、水渍霉气	
17	底盘裸露金属件	是否大面积锈蚀、有拆卸痕迹	

（2）看。看是最直观的方法，一辆车是否为水泡车在许多地方都可以看得出来，这也是鉴别水泡车最常用的方法。

①仔细检查驾驶舱内饰、座椅固定支架、车门橡胶条。水泡车内饰的边角和缝隙处的淤泥痕迹是很难清理干净的；水泡车的座椅固定支架经过浸泡和拆卸清洗一定会生锈，如果想让人看不出来，就得整体更换座椅，但整体更换费用太高，一般人不会这么做。如果是真皮座椅，其经过长时间水浸泡会变形；车门缓冲橡胶条也是许多翻新车技师容易忽略的细节，这里常常会藏有淤泥痕迹；此外，检查安全带插座，由于不拆卸清洗，此处一旦被水浸过都会留有泥垢痕迹。

②检查前后各种车灯是否有进水的痕迹，进水后的车灯整体会泛黄，甚至会有水雾凝结处。如果四个前照灯均有水雾，那么就可以将此作为水泡车的判断依据。

③打开发动机舱盖，查看舱内发动机螺栓是否有拧动过的痕迹。一般水泡车修复都会将发动机舱洗得干干净净不会有大片泥沙，细节处也很难被发现，所以主要是查看发动机的螺栓。看螺栓是否有掉漆或者生锈的痕迹，一般来说除非大修，否则不会移动发动机，而一移动发动机螺栓就会掉漆，导致氧化生锈，如果大部分螺栓都有动过痕迹，则可以判定发动机经历过大修了。

④查看熔断器盒内是否有水泡的痕迹，如有水雾、泥垢，或者更严重的情况，那么继电器等普遍生锈。此外，还要检查发动机舱的线束和接头有无发霉和残留有淤泥痕迹。

⑤打开行李舱盖，检查行李舱底板、备胎槽和随车工具是否有生锈水迹，这些地方透气性比较差，积水长时间浸泡后很容易生锈。

⑥将车举升后检查底盘的发动机、变速器、副车架和纵梁等主要部件是否有大面积的锈蚀痕迹，这些地方一般很少做很精致的处理，所以很容易分辨出来。

（3）摸。经过"闻"和"看"，基本上已经有了一个大致的判断，这时候再用"摸"来求证我们的猜测。

①摸发动机舱的防火墙。因为防火墙靠近驾驶舱，而且前有发动机阻挡，所以如果不拆发动机是很难清理的。由于采用隔音棉阻燃材料，所以非常容易吸附泥沙，这时候用手去摸，能感觉出细小的摩擦感，或者拍一拍，有灰尘扬起，即表明为水泡车。

②摸驾驶舱地毯和座椅。经过水浸泡的地毯，清理干净和晒干后，无法恢复到原来的整洁和柔软性，重新装到车内，局部会出现与地板贴合不紧的现象，且用手摸时触感会偏硬。座椅里面包裹的海绵吸附含有杂质的积水，晒干后摸起来感觉会偏硬，达不到原厂的柔软度。

3. 火烧车判定

（1）火烧车的分类。

根据燃烧部位、燃烧程度和燃烧后对整车性能影响的大小可将火烧车分为两类。

①轻微火烧车。局部火烧,损失只局限在过火部分,损失程度轻微,修复后对整车行驶性能没有影响。非重要车体部件的缺陷程度表现为熏黑,或线束、橡胶件、塑料件有裂纹等,出现这种火烧损失的车辆判定为轻微火烧车。

②严重火烧车。火烧破坏很严重,即使在修复后对整车行驶性能也影响较大。被火烧的车体部件尤其是发动机舱内的舱盖、金属围板和防火墙、发动机缸体等重点部件的缺陷表现为有明显的火烧痕迹,出现这种火烧损失的车辆均判定为严重火烧车。

车身火烧超过 $0.5m^2$,经修复仍存在安全隐患的车辆,以及严重火烧车都按事故车处理。

(2)火烧车的鉴别方法。

火烧车具体检查、鉴别项目见表2-4,以下是常见火烧位置及缺陷的检查方法和表述。

①检查车身外观油漆表面是否存在明显的色差、各缝隙是否存在熏黑现象。车辆被火烧、修复后,必须完成的工作就是车身喷漆,可通过喷漆范围、喷漆质量和喷漆中遗留的瑕疵等一些细节来判定是否发生过火烧事故。

②闻驾驶舱、发动机舱内是否有烧焦的气味。驾驶舱着火后修复,驾驶舱内的座椅内饰会整体更新,但车内的气味一段时间是清除不干净的,通常会喷香水掩盖烧焦的气味,所以闻气味是很管用的方法。

③检查发动机舱内的线束、熔断器盒和驾驶舱内的熔断器盒是否有更换或火烧熏黑的痕迹。发动机舱是车辆线路最密集的部位,如果发生过火烧事故,线圈以及熔断器一定会过火,所以从发动机舱以及车身线束是否有过更换、部分地方是不是有火烧痕迹可以看出来是不是火烧车。一般火烧后线束会整体更换,没有及时更换的线束会存有火烧滴瘤、熏黑的痕迹,从这方面也可以判断车辆是否发生过火烧事故。

④观察发动机舱金属部件有无火烧或熏黑痕迹。金属部件被火烧后,会呈现表面被烟熏黑的痕迹,这是很难清除的(尤其是不会更换的部件,如防火墙、纵梁、减振器座壳等)。而发动机缸体表面、进排气管表面也会存在火烧的熏黑痕迹。

⑤观察发动机舱内是否存在经干粉灭火器扑救而残留的黄色粉末痕迹,粉末在高温金属表面形成的氧化膜是很难洗掉的,这是很好的辅助判定火烧的方法。

⑥观察棉元件及塑料元件表面是否存在火烧皱褶变形被刷漆掩盖现象。硬塑料或棉元件被火烧后,元件表面会熔化,发生褶皱变形,只要不是损毁很严重,很多时候是不更换的,这些不起眼的部件对辅助判断火烧车很有帮助。

火烧车检查项目一览表　　　　　表2-4

序号	检查项目	缺陷描述	缺陷程度	
1	车身外漆	是否有火烧或熏黑痕迹	轻微	严重
2	驾驶舱内气味	是否有烧焦气味		
3	驾驶舱内饰(车顶、座椅、地毯、仪表台等)	是否有火烧或熏黑、炭化、熔化痕迹		
4	驾驶舱内线束、熔断器盒及电器接头	是否有火烧或熏黑、炭化、熔化痕迹		
5	发动机舱内线束和接头	是否有火烧或熏黑、炭化、熔化痕迹		
6	发动机舱电器和车灯座接头	是否有火烧或熏黑、炭化、熔化痕迹		
7	发动机舱盖隔热棉及盖板	是否有火烧或熏黑、炭化、熔化痕迹		

续上表

序　号	检查项目	缺陷描述	缺陷程度	
8	发动机舱内金属围板、左右翼子板内侧	是否有火烧或熏黑、炭化、熔化痕迹		
9	发动机舱防火墙和防火棉	是否有熏黑、漆层爆裂、炭化、烧蚀痕迹		
10	水箱及水箱框架	是否有熏黑、边缘有漆层爆裂痕迹		
11	行李舱内围板、内饰	是否有火烧或熏黑、炭化、熔化痕迹		
12	轮胎	是否有火烧或熏黑、炭化、熔化痕迹		
13	全车各车灯	是否有火烧或熏黑、炭化、熔化痕迹		
14	各部位橡胶件、塑料件	是否有熏黑、烧焦、炭化、熔化痕迹		

第二节　二手车静态检查

二手车静态检查主要包括识伪检查和外观检查两大部分，其中识伪检查主要包括鉴别走私车辆、拼装车辆和盗抢车辆等工作，外观检查包括鉴别事故车辆、检查发动机舱、检查乘员舱、检查行李舱和检查车底等内容。

一、车辆识伪鉴别

1. 汽车合法性核查

汽车的主要证件包括机动车来历凭证、机动车行驶证、机动车登记证书、机动车号牌、道路运输证和机动车安全技术检验合格标志等法定证件。

1) 机动车来历凭证

机动车来历凭证主要包括以下几个方面：

(1) 在国内购买的机动车，其来历凭证是全国统一的机动车销售发票或者二手车销售发票；在国外购买的机动车，其来历凭证是该销售单位开具的销售发票及其翻译文本。

(2) 人民法院调解、裁定或者判决转移的机动车，其来历凭证是人民法院出具的已经生效的《调解书》《裁定书》或者《判决书》，以及相应的《协助执行通知书》。

(3) 仲裁机构仲裁裁决转移的机动车，其来历凭证是《仲裁裁决书》和人民法院出具的《协助执行通知书》。

(4) 继承、赠予、中奖和协议抵偿债务的机动车，其来历凭证是继承、赠予、中奖和协议抵偿债务的相关文书和公证处出具的《公证书》。

(5) 资产重组或者资产整体买卖中包括的机动车，其来历凭证是资产主管部门的批准文件。

(6) 国家机关统一采购并调拨到下属单位未注册登记的机动车，其来历凭证是全国统一的机动车销售发票和该部门出具的调拨证明。

(7) 国家机关已注册登记并调拨到下属单位的机动车，其来历凭证是该部门出具的调拨证明。

(8) 经公安机关破案发还的被盗抢且已向原机动车所有人理赔完毕的机动车，其来历凭证是保险公司出具的《权益转让证明书》。

(9) 更换发动机、车身、车架的机动车，其来历凭证是销售单位或者修理单位开具的发票。

2）机动车行驶证

机动车行驶证是由公安车辆管理机关依法对车辆进行注册登记核发的证件，它是机动车取得合法行驶权的凭证。《中华人民共和国道路交通管理条例》第十七条规定，机动车行驶证是车辆上路行驶必需的证件。《中华人民共和国机动车登记管理办法》规定，机动车行驶证是二手车过户、转籍必不可少的证件。

3）机动车登记证书

根据2001年10月1日起实施的《中华人民共和国机动车登记管理办法》，在我国境内道路上行驶的机动车，应当按规定经机动车登记机构办理登记，核发机动车号牌、机动车行驶证和机动车登记证书。修订后的《机动车登记规定》自2022年5月1日起施行。

机动车所有人申请办理机动车各项登记业务时均应出具机动车登记证书；当登记信息发生变动时，机动车所有人应当及时到车辆管理所办理相关手续；当机动车所有权转移时，原机动车所有人应当将机动车登记证书随车交给现机动车所有人。目前，机动车登记证书还可以作为有效资产证明，到银行办理抵押贷款。

机动车登记证书同时也是机动车的"户口本"，所有机动车的详细信息及机动车所有人的资料都记载在上面，证书上所记载的原始信息发生变化时，机动车所有人应携机动车登记证书到车管所作变更登记。

机动车登记证书是二手车评估人员必须认真查验的内容，机动车登记证书的内容更详细，一些评估参数必须从机动车登记证书中获取，如使用性质的确定等。

4）道路运输证

道路运输证是县级以上人民政府交通运输主管部门设置的道路运输管理机构对从事旅客运输（包括城市出租客运）、货物运输的单位和个人核发的随车携带的证件，营运车辆转籍过户时，应到运输管理机构及相关部门办理过户有关手续。

5）汽车安全技术检验合格标志

汽车必须进行安全技术检验，检验合格后，由公安机关发放合格标志。根据《中华人民共和国道路交通安全法实施条例》的规定，汽车检验合格标志应贴在汽车前风窗右上角。若无合格标志或无效标志，则不能交易。汽车安全技术检验由机动车安全技术检验机构实施。机动车安全技术检验机构应当按照国家机动车安全技术检验标准对汽车进行检验，对检验结果承担法律责任。

6）汽车号牌

汽车号牌是由公安机关车辆管理部门依法对机动车进行注册登记核发的号牌，它和汽车行驶证一同核发，其号码与行驶证应该一致。它是汽车取得合法行驶权的标志。《中华人民共和国道路交通管理条例》第十七条规定，汽车号牌不得转借、涂改、伪造。机动车号牌有两种类型，即"九二"式和"二〇〇二"式号牌。"二〇〇二"式号牌仅在北京等几个城市应用，且数量少，已不再核发。目前广泛采用的是"九二"式号牌。

"九二"式号牌是按中华人民共和国公共安全行业标准《中华人民共和国机动车号牌》（GA 36—1992）制作的。根据机动车号牌颜色的不同，汽车号牌有蓝底白字的小型客车号牌、黄底黑字的大型客车号牌、黑底白字的外资企业号牌等。

对于特殊车辆，其号牌有其特殊规定，如白底黑字号牌为警用号牌、白底黑字且开头字母为红色的号牌为军车专用号牌、悬挂"使"字号牌为驻华使馆号牌、黄底黑字悬挂"挂"字号牌为大型货车的挂车号牌、黄底黑字悬挂"内"字号牌为场内使用的内部号牌、白底黑字悬挂"赛"字号牌为赛车专用号牌。

汽车号牌,除临时行驶车的号牌为纸质的,其余均为铝质反光材质。号牌上的字的尺寸大小也都有明确的规定,可查阅《中华人民共和国机动车号牌》(GA 36—2007)。

2. 各种非法汽车识伪检查

所谓识伪检查主要是指对通过走私或非官方正规渠道进口的汽车和配件,进行识别和判断。这些汽车和配件有的是整车,有的是散件和境内组装的整车,甚至有些是国外旧车拼装成的整车。

一般正品汽车的风窗玻璃上贴有黄色商检标志。按我国产品质量法,正品汽车都带有中文的使用手册或维修手册各一份,而走私车、拼装车则一般没有。

目前在我国汽车市场上使用假冒伪劣的汽车配件的情况还比较严重。据调查统计,70%的车辆故障是由于汽车的配件质量和装配技术问题引起的,只有30%为不良驾驶习惯造成的。例如,汽车灯具产品若使用了假冒伪劣配件会造成亮度不足、聚焦不集中、照射位置差、辐射面积小等问题。严重的伪劣灯具由于本身密封不严,在雨天会发生雨水进入灯具内,从而产生短路引发着火燃烧事故。在二手车交易市场不可避免会有一些走私车辆、拼装车辆、盗抢车辆以及事故车辆,如何鉴别这部分车辆,在二手车鉴定评估过程中是一项十分重要而又艰难的工作。它必须凭借技术人员所掌握的专业知识和丰富经验,结合有关部门的信息材料,对评估车辆进行全面细致的鉴别,才能使二手车交易规范、合法、有序地进行。

1) 鉴别走私车和拼装车

走私车辆是指没有通过国家正常进口渠道进口的,并未完税的车辆。拼装车辆是指一些不法厂商和不法商人为了牟取暴利,非法组织生产、拼装无产品合格证的假冒、低劣汽车。这些汽车有的是境外整车切割、境内焊接拼装车辆;有的是进口汽车散件,国内拼装的国外品牌汽车;有的是国内零配件拼装的国内品牌汽车;有的是旧车拼装车辆,即用多辆车拼装成一辆汽车;甚至也有的是国产或进口零配件拼装的杂牌汽车。

对走私车辆、拼装车辆,在二手车交易鉴定评估中,首先要确定这些车辆的合法性。因为,有些走私、拼装车辆技术状况较好,从性能上符合国家有关机动车行驶标准和要求,已经国家有关执法部门处理,通过拍卖等方式,在公安机关车辆管理部门注册登记上牌,取得了合法地位。

走私车辆、拼装车辆的一般鉴别方法如下:

(1) 运用公安机关车辆管理部门的车辆档案资料,查找车辆来源信息,确定车辆的合法性。这是一种最直接有效的判别方法。

(2) 查验二手车的汽车产品合格证、维修手册。对进口车必须查验进口产品商检证明书和商检标志。

(3) 检查二手车外观。查看车身全部是否有重新喷漆的痕迹,特别是顶部下沿部位。车身的曲线部位线条是否流畅,尤其是小曲线部位,根据目前技术条件没有专门的设备不可能处理得十分完美,留下的再加工痕迹会特别明显。检查门柱和车架部分是否有焊接的痕迹,很多走私车辆是在境外把车顶切割后,运入国内再进行焊接拼装起来的,即所谓的割顶车。

(4) 查看车门、发动机舱盖、行李舱盖与车身的接合缝隙是否整齐、均匀。

(5) 查看二手车内饰。检查内装饰是否平整,内装饰压条边沿部分是否有明显的手指印或有其他工具碾压后留下的痕迹,车顶饰板是否更换过。

(6) 打开发动机舱盖,检查发动机和其他零部件是否有拆卸后重新安装的痕迹,是否缺少零部件。查看电线、管路布置是否整洁、有序。核对发动机号码和车辆识别代码(车架号码)字体和部位,是否有凿痕或重新焊接过。

2) 鉴别盗抢车辆

盗抢车辆一般是指公安机关车辆管理部门已登记上牌的,在使用期内丢失的或被不法分子盗窃的,并在公安部门已报案的车辆。由于这类车辆被盗窃方式多种多样,它们被盗窃后所遗留下来的痕迹会不同。如撬开门锁、砸车窗玻璃等,它们都会留下痕迹。同时,这些被盗车辆大部分经过一定涂装修饰后再卖出。这些车辆更易流入二手车市场交易。

盗抢车辆的鉴别方法一般有以下几种:

(1)根据公安机关车辆管理部门的档案资料,及时掌握车辆情况,防止盗抢车辆进入市场交易。这些车辆从车辆主人报案起到找到为止这段时期内,公安机关车辆管理部门将这部分车辆档案材料锁定,不允许进行车辆过户、转籍等一切交易活动。

(2)根据盗窃一般手段,主要检查汽车门锁芯有无被更换过的痕迹,门窗玻璃是否更换过,窗框四周的密封胶是否有插入玻璃升降器开门的痕迹,转向盘锁或点火开关是否有破坏或更换过的痕迹。

(3)有些盗窃车辆销赃时,会对车辆有关证件进行篡改和伪造,使被盗赃车证件方面有很多疑点。检查的重点是核对行驶证与车身或机舱内发动机号码和车辆识别代码。看车身或机舱内代码周围是否有变形或凿削的痕迹,是否有重新焊接的痕迹。

(4)查看车辆外观是否全身重新进行过喷漆,或者改变过原车辆颜色。

二、车辆外观检查

汽车在使用过程中难免出现各种事故,车身的磕碰剐蹭也是比较普遍的。所以,在用车辆有一些喷漆的地方也不足为奇(若发现新车有"做漆处理"的现象,则该车有可能是送车或试驾等过程出过事故,应仔细检查),因为它对二手车的价格不会造成多大影响。

车辆在进行外观检查之前通常都要进行外部清洗。外观检查过程中,对于底盘相关项目的检查,应该在设有检测地沟或有汽车举升器的工位上进行。

1. 检查车辆各种标牌

车辆标牌包括商标、铭牌、发动机型号和出厂编号、底盘型号和出厂编号等。检查车辆的发动机型号的和出厂编号、底盘型号和出厂编号是否与行驶证上的记载相吻合;检查有无铭牌,是否标明了厂牌、型号、发动机功率、总质量、载质量或载客人数、出厂编号、出厂年/月/日及厂名。

2. 车身的外观检查

通过对车身的检查,特别是轿车和客车的车身,检查是否有严重的碰撞痕迹,可以判断是否曾经发生过严重事故。由于轿车和客车的车身在整车价值中权重较大,维修费用也比较高,故车身检查是技术状况鉴定的重要环节。检查顺序一般从车的前部开始,可以按以下方法进行:

(1)检查车身各处的缝隙。分别站在车的左前部和右前部,从车头向车尾观察车身各处接缝,如出现接缝不直、缝隙不一、线条弯曲、装饰条有脱落痕迹或新旧不一,说明该车的车身可能修理过。

(2)站在车前观察车漆的颜色和车身平整度。后补的油漆色彩往往不同于原车漆色,如果汽车补过漆,通过观察整个车身各个部位漆的颜色,通过车身反射光的明暗对比可以判断是否进行过喷漆,一般喷漆的地方反射光较暗,可以检查是否出过事故。至于车身平整度,特别是有较大面积撞伤的部位,工人在补原子灰、打磨原子灰时往往磨不平,导致车身漆面看上去有波浪感,漆面凹凸不平。也可以用一磁铁沿车身四周移动,如果移到某处,感觉磁力突然减小,说明该处打过原子灰、补过漆,用手敲击此处,声音较别处发闷。

(3)检查保险杠。在交通事故中,保险杠是最易、最先被撞坏的易损件,通过检查保险杠是否变形、损坏、重新补漆等痕迹,可以判断汽车是否发生过碰撞事故。

(4)检查车门。站在车门前,观察B柱是否呈一直线以及接缝的平整度,若B柱不呈直线或者接缝不平整,说明车门经过整型工艺处理过;打开车门,观察门框是否呈一平面,若不平整,则说明进行过钣金处理;另外,可以观看车门附近是否有铆钉痕迹(原车接合时留下的),没有铆钉痕迹说明车辆重新烤过漆。

(5)观察车窗、车门的关闭。车窗、车门应关闭灵活、密封严实,锁止可靠,缝隙均匀,胶条无老化现象。

(6)检查后视镜、下视镜、前风窗玻璃。汽车必须在左右各设一面后视镜,其安装、调节及视野范围要符合相关规定。车长大于6m的平头客车、平头货车应在车前设置一面下视镜。大多数原装前风窗玻璃不仅有汽车品牌标识还有玻璃品牌标识,由于政策法规的影响,大部分更换的玻璃只有玻璃品牌标识;风窗玻璃的生产日期与汽车生产的日期有很大差异,基本可以判定更换过前风窗玻璃。

(7)检查灯光。主要检查灯光是否齐全、有效,光色、光强、光照角度等是否符合国家标准的相关规定。

(8)检查车身金属件的锈蚀情况。随着汽车使用年限的增加,以及各种事故的损害,车身金属零部件逐渐锈蚀,通过锈蚀的严重程度可以判断该车的使用年限。检查的零部件主要是车门、车窗、排水槽、底板及各接缝处等等。

3.驾驶室和车厢内部检查

(1)检查座椅。所有的座椅安装应牢固可靠。驾驶员座椅、副驾驶员座椅及长途客车和旅游客车前面没有座椅或护栏的座椅,安全带应齐全、有效。

(2)查看座椅的新旧程度,座椅表面应平整、清洁、无破损。若座椅松动或严重磨损,表面凹陷,说明该车经常载人,长时间在较高的负荷下运行。

(3)查看车顶的内篷是否破裂,车辆内部是否污秽发霉,地毯或地板胶是否破损残旧,从地毯的磨痕可以推断车辆的使用频率。揭开地毯或地板胶,查看车厢底板是否有潮湿或生锈的痕迹,是否有烧焊的痕迹,如果有的话,说明该车下雨时可能漏水。

(4)查看车窗玻璃升降是否灵活。

(5)检查行李舱。打开行李舱,检查舱盖防水胶条是否完好;检查行李舱是否锈蚀;检查行李舱两边的钣金件以及与后保险杠的接合处是否有烧焊的痕迹。

(6)查看仪表板。检查仪表板底部有无更改线束的痕迹,要求安装汽车行驶记录仪的车辆是否按要求安装,能否正常工作。

(7)检查各踏板。检查离合器踏板、制动踏板、加速踏板有无弯曲变形及干涉现象,各踏板胶条是否磨损过度;坐在车上试试所有踏板有没有弹性。离合器踏板应该有少许空间,同时留心听听踏下踏板时有无异常声响。

4. 发动机舱内检查

发动机的外观检查可以通过以下几个方面进行：

（1）检查发动机舱盖。首先看外观。仔细查看与翼子板的密合度或发动机留有的缝隙是否一致，是否有大小不一的情形，发动机与风窗玻璃之间的间隙是否一致或留有原车的胶漆，这些都是检查的重点。其次检查内部。发动机舱盖内的检查是重点中的重点，打开发动机舱盖时，先检查一下其内侧，如果有烤过漆（或喷漆）的痕迹，表明这片盖板碰撞过，维修时喷过漆。然后检查发动机前部的端框，该部件往往是固定水箱和冷凝器的，同时它还是前照灯定位和调整的基准，所以非常重要。

（2）检查发动机外部清洗状况。使用中车辆的发动机外部表面有少量的油迹和灰尘是正常现象，但是，如果发动机表面满是油污，说明发动机可能存在漏油现象，并且该车日常维护不到位；如果发动机表面满是灰尘，说明车主日常维护欠佳或者车辆使用环境恶劣；如果发动机表面一尘不染，则说明发动机刚进行过清洁处理，要特别注意卖主可能用蒸汽清洗发动机后才让买方看车。

（3）检查蓄电池。现在汽车用蓄电池多为免维护蓄电池，寿命一般在2～3年，维护得好寿命可以更长一些。因此消费者在检查蓄电池时，可先注意蓄电池上的制造日期，如果已经超过两年，则表示这个蓄电池已经快要报废了。大多数免维护蓄电池在盖上设有一个孔形液体（温度补偿型）密度计，它会根据电解液密度的变化而改变颜色，指示蓄电池的存放电状态和电解液液位的高度。当密度计的指示眼呈绿色时，表明已充足电，蓄电池正常；当指示眼绿点很少或为黑色，表明蓄电池需要充电；当指示眼显示淡黄色，表明蓄电池内部有故障，需要修理或进行更换。检查蓄电池在车上是否固定好，外壳表面是否有磕碰伤；检查蓄电池电缆是否连接可靠，排气孔是否有灰尘；通过蓄电池上的指示眼检查充电情况和质量状态，绿色表示合格，黑色表示亏电，淡黄色或白色表示电池损坏需要更换。

（4）检查发动机机油状况。正常情况下，车辆换过机油使用一段时间后，机油颜色会慢慢变黑。检查时，抽出机油尺，观察机油品质及油量。在白纸上擦一下，如果发现机油的颜色发灰、浑浊或有乳化现象（起水泡），说明机油中混入了水，可能是冷却系统和燃烧系统有连通的状况，致使冷却水进入了曲轴箱。机油尺上一般都有高低油位的指示孔，如果机油高度在两油位之间，表示正常。如果机油量的高度过低，而换机油的时间和里程正常，说明汽缸可能密封不良，导致机油进入汽缸与汽油一同燃烧，发生发动机"烧机油"现象；若机油量的高度过高，而加入量正常，说明发动机窜气或漏水。

（5）检查冷却液状况。注意一定要在冷车状态时检查，防止温度很高的冷却液溅出烫伤人。打开水箱盖，如果水箱内的水是黄色的铁锈水，或水箱外有锈水漏出，说明水箱内锈蚀或水箱有渗漏现象；如果发现冷却液表面有油污漂浮，表明有机油渗入，可能存在汽缸垫漏气。水箱的上下两条软管应用力捏一下，看看有没有裂痕。检查水箱盖关闭后是否紧密，胶垫是否有松脱。检查水箱是否有撞过的迹象，散热片是否有烧焊现象。

（6）检查变速器油。变速器油的油位应在 MIN 和 MAX 之间。变速器油应该呈红色，如果颜色变为棕色，说明变速器可能发生故障；如果闻到焦糊味，说明变速器磨损严重。

（7）检查软管、传动带、电缆导线。检查进气管、暖风管、水泵管、散热管等有无老化、变硬、变脆迹象；高档汽车还有很多软管连接到空调器、巡航控制器、真空控制器等，检查时用手挤压，看是否富有弹性，不应有硬和脆的感觉。传动带用来带动曲轴、凸轮轴、水泵、动力转向泵、发电机、空调压缩机、风扇等，检查各传动带是否有皮带层脱落、严重开裂等迹象，另外,还要检查皮带轮是否被磨光亮,带轮磨光会引起打滑,表现为起动、怠速时有刺耳的响声。检查电缆线、导线等是否有老化、外皮剥落现象。有的车主购车后加装了防盗器、低音炮、雾灯等,会有绝缘胶带包裹,这些线路应该有条理。

5. 车辆底盘检查

汽车底盘由传动系统、行驶系统、转向系统和制动系统四部分组成。底盘检查工作主要就是对这四部分进行检查,通常在地沟或车辆举升器上进行。

1)传动系统检查

(1)检查离合器踏板的自由行程是否符合整车技术条件的要求、离合器的摩擦片磨损状况、铆钉是否松动;弹簧是否发生疲劳折断/开裂;分离拨叉的支点磨损是否严重;分离轴承的磨损状况;若是液压操纵控制的离合器,还要检查液压系统是否漏油等。

(2)检查变速器壳体四周、加油口、放油口等处是否存在漏油或渗油现象;换挡控制机构是否顺畅、各连接处磨损是否严重等。

(3)检查传动轴、中间轴、万向节等处是否有裂痕或者松旷现象;传动轴是否发生弯曲;轴承是否因磨损而松动;连接螺栓是否松动或有裂痕等。

(4)检查桥壳是否有裂痕;检查桥壳各连接处是否有漏油或渗油迹象。

2)行驶系统检查

(1)检查车架是否有裂纹、锈蚀,是否有影响正常行驶的变形(弯曲、扭曲等);检查螺栓和铆钉是否齐全并紧固,车架不得进行焊接。

(2)检查车辆的前后桥是否有裂痕和变形。

(3)检查车辆的悬架系统是否有损坏、螺栓是否松旷、减振器是否漏油;检查板簧有无裂痕、断片和缺片现象,中心螺栓和U型螺栓是否紧固等。

(4)检查车架与悬架之间的所有拉杆和导杆是否变形,各连接处是否松旷或移位。

(5)检查轮毂轴承是否磨损、松旷;轮胎螺母以及半轴螺母是否齐全并紧固;检查同一桥上左右轮胎的型号、花纹是否相同;轮胎磨损是否严重、是否为翻新轮胎(转向车轮不得使用翻新轮胎)、轮胎的帘线是否外露;检查轮胎是否有异常磨损,若轮胎出现非正常磨损,则说明车轮定位参数不正确或者车辆长期超载运行。

3)转向系统检查

(1)检查转向盘与前桥的连接是否松旷。

(2)检查转向器的垂臂轴与垂臂连接是否松旷;检查拉杆球头连接是否松旷;检查拉杆与转向节的连接是否松旷;检查转向节与主销之间是否松旷等。

(3)检查转向节与主销之间配合是否满足要求;检查转向器的润滑状况是否适合等。

(4)检查转向轴是否弯曲。

(5)检查液压助力转向的转向泵驱动带松紧度是否合适;油泵、油管是否有漏油现象,软管是否老化。

4)制动系统检查

(1)检查制动踏板的自由行程是否符合车辆技术条件的要求;检查液压制动系统的主缸、轮缸、管路以及管路连接处是否有漏油现象。

(2)检查油管是否有损伤,特别是凹瘪现象;检查真空管是否有损伤。

(3)对于气压制动车辆应检查储气罐的压力能否达到规定气压,检查制动管路是否有损伤。

6.汽车电器及其附属装置检查

检查刮水器、收音机、仪表、反光镜、加热器、灯具、转向信号、喷水装置、空调设备等是否破损、残缺。检查汽车电路各线束的连接是否牢靠,有无损坏或烧焦痕迹。

汽车技术状况静态检查的目的是快速、全面地了解汽车的大概技术状况。静态检查主要包括身份辨别和外观检查两大部分内容。

通过初步的全面检查,评估人员可以发现汽车表面上比较明显的缺陷,如:是否为拼装车辆、车身锈蚀、交通事故碰撞变形、零部件的损坏、发动机的严重磨损等问题。

第三节　二手车动态检查

汽车技术状况的动态检查是指汽车在工作状态下进行的各项检查,又称车辆路试检查。动态检查的主要目的是,在一定条件下,通过对汽车的各种工况如发动机起动、怠速、起步、加速、匀速、滑行、强制减速、紧急制动,从低速挡升到高速挡,从高速挡降到低速挡的行驶,检查汽车的操纵性能、制动性能、滑行性能、加速性能、噪声和废气排放情况,以鉴定车辆的技术状况。

在汽车技术状况的动态检查过程中,根据检查人员的经验和技能,辅之以简单的器具和量具,对车辆进行动态检查。检查可分为无负荷检查和路试检查。

一、路试前准备工作

在进行路试之前,检查机油油位、冷却液液位、制动液液位等,各个项目正常后方可起动发动机,进行路试检查。

1.检查机油油位

检查之前应将车停放在平坦的场地上。将起动开关钥匙拧到关闭位置,把驻车制动杆放到制动位置,变速杆放到空挡位置。

打开发动机舱盖,抽出机油尺,将机油尺用抹布擦净后,插入机油尺导孔,拔出查看。油位在上下刻线之间,即为合适。如果超出上刻线,应放出机油;如果低于下刻线,可从加油孔添加,待10min后,再次检查机油油位。补充时应严格注意清洁并检查是否有渗漏现象。

2.检查冷却液液位

检查冷却液时,对于没有膨胀散热器的冷却系统,可以打开散热器盖进行检查,要求液面高度不低于排气孔10mm。如果使用防冻液,则要求液面高度应低于排气孔50~70mm(这是为了防止防冻液因温度增高溢出)。对于装有膨胀散热器的冷却系统,要求膨胀散热器的冷却液量应在规定刻线(H~L)之间。检查冷却液液量时,应在冷车状态下进行,检查后应扣紧散热器盖。补充冷却液时,应尽量使用软水或同种防冻液。添加前要检查冷却系统是否有渗漏现象。

3.检查制动液液位

正常制动液液位应在储油罐的上限(H)与下限(L)刻线之间或标定位置处。当液位低于标定刻线或下刻线位置时,应把新的制动液补充到标定刻线或上限位置。

由于常用的制动液具有一定的吸湿性,因此,在向储液罐内补充制动液时,一方面要使用装在密封容器内的新制动液,另一方面要避免长时间开放储液罐的加液口盖,因为制动液吸收水分后其沸点会显著降低,容易引起气阻,造成制动失灵。

4. 检查助力转向液压油的油量

首先将助力转向储油罐的外表擦干净,再将加油口盖从储油罐上取下,用干净的布块将油标尺上的油擦干净,重新将油标尺装上(检查时,不要拧紧加油口盖),然后取下油标尺,检查油平面,油标尺所示的刻度和意义与机油尺相同。如果油平面高度低于油标尺下限刻度,则需要添加同种转向液压油,直到上限刻度(H)为止。在添加之前应检查动力管路是否有渗漏现象。在检查或添加转向液压油时,应检查油质的污染情况,发现变质或污染时应及时更换。

5. 检查散热风扇传动带

检查风扇传动带的松紧度,用拇指以 9~10kg 物体的重力按压风扇传动带中间部位时,挠度应为 10~15mm。如果不符合要求,按需要可调节发电机支架固定螺栓的位置。

6. 检查制动踏板行程并确保制动灯工作

路试二手车前,一定要检查制动系统并确保制动灯工作良好。检查制动踏板时,踩下踏板 25~50mm,就应感到坚实而没有松软感,即使踩下半分钟也是如此。如果制动踏板有松软感,可能制动管路有空气,这就意味着制动系统中某处可能有泄漏。另外,还要检验驻车制动是否工作,是否能将汽车稳固地保持住。

7. 检查轮胎气压

拧开轮胎气嘴的防尘帽,用轮胎气压表测量轮胎气压,轮胎的气压应符合规定。气压不足,应进行充气;气压过高,应放出部分气体。轮胎气压过低或过高,均不宜进行测试。

二、发动机起动和无负荷检查

无负荷检查就是车辆在原地,检查发动机的性能状况,包括发动机起动、急速、声响、急加速性、曲轴箱窜油和窜气量、尾气颜色、发动机熄火等项目。

1. 发动机的起动状况检查

正常情况下,用起动机起动发动机时,一般起动不应超过 3 次,每次起动时间不超过 5~10s;若需再次起动,应间隔 15s 以上,起动时,应无异常响声。如果发动机不能正常起动,表明发动机的起动性能不良。

影响发动机起动性能的原因有很多,主要有油路、电路、气路和机械 4 个方面。如供油不畅、电动汽油泵没有保压功能、点火系统漏电、蓄电池接线柱锈蚀、空气滤清器堵塞、汽缸磨损使汽缸压力过低、气门关闭不严等。发动机起动困难应综合分析各种原因,引起发动机起动困难的原因不同,对车辆价值影响也不同,并且差别很大。

检查导致发动机起动不良的原因时,首先检查蓄电池,其次检查发动机运转的阻力(拆下全部火花塞和喷油器,手动运转曲轴,检查转动阻力大小);再次检查汽油机的点火系统(可能点火不正时、火花塞打火弱或者不打火)、燃油系统(混合气体过浓或过稀)、汽缸压力等环节。对于柴油机,则可能原因为汽缸压力过低,燃油中有水或空气,输油泵、喷油泵、喷油器工作不良,或者油路堵塞等,应一一排查。

2. 发动机怠速运转检查

发动机起动后,使其怠速运转,此时发动机应在规定的怠速范围内平稳地运转,转速波动应小于50r/min。发动机怠速时,若出现转速过高、过低、发动机抖动严重等现象,均表明发动机怠速不良,引起发动机怠速不良的原因很多。

对于汽油机,怠速不良的原因主要有点火正时、气门间隙、配气正时、怠速阀调整不当;真空漏气;曲轴箱通风系统(止回阀不密封或卡阻、怠速时不能关闭等)、废气再循环系统、点火系统、供油系统等均可能引起怠速不良。有的汽车怠速不良是"顽症",可能生产厂家都无法解决,鉴定评估人员应引起重视。

对于柴油机,怠速不良的原因主要有供油正时、气门间隙、配气正时或怠速调整不当;燃油中有水、空气或黏度不符合要求;各缸的柱塞、出油阀偶件、喷油器工况不一致,或者是调速器松旷、锈蚀、弹簧疲劳失效等因素导致各缸的喷油量不一样;或者各缸的压缩力不一致等。

发动机怠速运转时,同时检查各仪表工作状况,检查电源系统充电情况。

3. **检查发动机声响**

让发动机怠速运转,检查人员站在车头旁边听发动机有无异响以及响声大小。然后,用手拨动节气门,适当增加发动机转速,倾听发动机的异响是否加大,或是否有新的异响出现。

技术状况良好的发动机,零部件之间的配合间隙适当、润滑良好、工作温度正常、燃油供给充分、点火正时,无论转速和负荷怎样变化,都发出平稳而有节奏、协调而又平滑的排气声音和运转声。

运转过程中,如果发动机发出一些不协调的声响,如类似金属敲击的声音、咔嗒声、摩擦声等,将这些声音统称为异响,说明发动机的某个零部件的技术状况发生变化,导致工作异常;如果听到低频的轰隆声或爆燃声,表明发动机受损严重,需要进行大修了。

常见的发动机异响有:曲轴轴承异响、连杆轴承异响、活塞敲缸异响、气门异响等。这些异响很难排除,特别是发动机内部异响,鉴定评估人员需要特别注意。

4. **检查发动机的急加速性(加速灵敏性)**

待水温、油温都正常后,通过改变节气门的开度,检查发动机在各种转速下运转是否平稳,转速变化时应过渡顺畅。迅速踏下加速踏板,发动机由怠速状态猛加速,观察发动机转速由低到高能否灵活反应,此过程中发动机应无"回火""放炮"现象。发动机加速运转过程中,检查发动机有无"敲缸"和气门运动噪声。把加速踏板踩到底然后迅速释放,观察发动机的转速能否由高速迅速降到低速,且灵活反应,发动机是否怠速熄火。在规定转速下,发动机机油压力应符合相关规定。

5. **检查曲轴箱窜油、窜气情况**

打开润滑油加注口,慢慢踩踏加速踏板,如果窜气严重,肉眼就能观察到油雾气;若窜气不是很严重,可将一张白纸,平放在润滑油加注口上方5cm左右处,然后踩下加速踏板,若白纸上有油迹,则表明有窜油状况发生,严重时油迹面积会更大。

6. **检查尾气颜色**

如果发动机技术状况良好,汽缸内的混合气体能够充分燃烧,汽油发动机排出的尾气应该是无色的,在冬季能够看见白色的水汽;柴油机工作时排出的气体一般是淡灰色的,当负荷较大时,灰色加深。无论是汽油机还是柴油机,如果排气颜色呈现蓝色,说明机油窜入了燃烧室。最常见的原因是活塞、活塞环与汽缸之间的密封不良,即因活塞、活塞环与汽缸磨损严重导致间隙过大。如果排气管冒黑烟,说明混合气过浓,发动机技术状况欠佳。如果排气管冒白烟,可能是汽缸垫损坏或者缸体有裂缝等原因造成冷却液进入汽缸。

7. 检查发动机熄火情况

对于汽油机,关闭点火开关后,发动机应正常熄火;对于柴油机,停机装置应灵活有效。

三、汽车路试检查

汽车路试检查就是通过行驶一定的里程,检查汽车的工况。路试检查应在平坦、硬实、干燥、清洁的道路上进行。检查的内容主要包括以下几个方面。

1. 检查离合器

检查时,检测人员按照正确的汽车起步方法操作,挂低挡平稳起步。正常情况下,离合器应该接合平稳,分离彻底,工作时不得有异响、抖动和不正常打滑现象。踏板自由行程应符合汽车技术条件的有关规定。若自由行程过小,一般说明离合器摩擦片严重。

离合器常出现的故障为打滑和分离不彻底,有的还有异响。这些故障会导致车辆起步困难、行驶无力、爬坡困难、变换挡位时变速器齿轮发出刺耳的撞击声、起步时车身发抖等现象。

1)离合器分离不彻底检查

离合器分离不彻底会引起挂挡困难或导致齿轮碰撞。造成离合器分离不彻底的主要原因有:踏板自由行程过大;液压系统中有空气;液压系统漏油;离合器从动盘翘曲、钢钉松脱或更换了过厚的新摩擦片;分离杠杆内端不在同一平面内,或有的杠杆调整螺母松动;离合器从动盘毂与变速器输入轴花键磨损、锈蚀而使离合器从动盘滑动不灵活等。

发动机怠速时,踩下离合器踏板几乎触底时,才能断开离合器;或是虽然踩下离合器踏板,但是挂挡困难或变速器齿轮发出刺耳的撞击声;或挂挡后不抬离合器踏板,车辆就开始前进或后退。这些现象都表明该车的离合器分离不彻底,其原因是:离合器踏板自由行程过大、离合器压盘限位螺钉调整不当,或是更换了过厚的离合器摩擦片、离合器分离杠杆不在同一平面上等。

2)离合器打滑检查

如果离合器打滑,就会出现起步困难、加速无力、重载上坡时有明显没有动力甚至发出难闻气味等现象。离合器开始打滑后,使摩擦片磨损加剧甚至烧蚀,离合器各部机件温度增高,压盘弹簧和减振弹簧等受热变软以至退火,不能传递全部动力,继续下去离合器很快就报废。比如在挂上1挡后,抬起离合器踏板,车辆没前进,发动机也不熄火,就是离合器打滑的表现。其原因是:离合器踏板自由行程太小、分离轴承经常压在膜片弹簧上,使压盘总是处于半接合状态;离合器压盘弹簧过软或折断;离合器与飞轮连接的螺丝松动等。

3)离合器异响检查

离合器使用过程中出现异响是不正常的。造成异响的原因大部分都是离合器内部的零件损坏,包括:分离轴承磨损严重、轴承复位弹簧折断、膜片弹簧支架故障等。如:踩下离合器踏板时,听到有"沙沙"声,可以断定是分离轴承润滑不良,与分离杠杆内端接触时产生的响声。如果加润滑油后仍然有响声,则表明分离轴承磨损或损坏,应予以更换或修理。

2. 检查变速器

从车辆起步加速升至高速挡,再减速至低速挡。整个过程中检查换挡是否灵活自如;是否有异响;互锁和自锁装置是否有效,是否有乱挡、掉挡现象;换挡操作时,变速杆是否与其他部件干涉。

汽车挂挡行驶时,变速器如出现响声,其主要原因有:

(1)轴承松旷发响。这是由于轴承日久磨损,轴向或径向间隙过大;轴承内、外座圈与轴颈(孔)配合松动;轴承钢珠(针)破裂,引起响声。

(2)同步器磨损发响。

(3)齿轮发响。这是由于齿轮磨损过于严重,间隙增大,运转中齿面啮合不良;齿面有疲劳剥落或个别齿损坏折断;齿轮与轴上的花键配合松旷或齿轮轴向间隙过大;轴弯曲或轴承松旷等。

(4)主轴轴向间隙过大或里程表齿轮磨损。变速器空挡时发响的原因主要是:轴承磨损松动,轴向或径向间隙过大;轴承润滑不良;第二轴磨损或弯曲,止推片或垫片损坏。应根据响声部位出现的故障进行检查、调整、润滑或修复更换。

换挡时,变速器齿轮发出响声,导致换挡困难,原因有换挡机构失调、拨挡叉变形或锈蚀、同步器损坏等。掉挡的原因主要是变速器内部零件磨损严重。如果换挡后变速杆出现抖动现象,说明变速器操纵机构的铰链处松旷,磨损严重导致变速杆处的间隙过大。

对于配置自动变速器的车辆来说,正常情况下,起步时不需要踩加速踏板。如果必须踩加速踏板才能起步,说明变速器维护不到位,可能有故障。换挡过程中如果有"发冲"或"顿滞"的感觉,说明变速器需要维护了。

3. 检查汽车动力性

汽车动力性的好坏直接影响汽车性能的高低,动力性是汽车使用中最重要的基本性能。汽车在使用一段时期后,技术状况会发生某些变化,动力性也会变化。汽车技术状况不良,首要表现为动力性不足,燃料消耗增大。

检测汽车动力性的项目一般有高挡加速时间、起步加速时间、最高车速、陡坡爬坡车速、长坡爬坡车速,有时也检测牵引力。

乘用车的动力性能最常见的指标是从静止状态加速至100km/h所需时间和最高车速,其中前者是最具意义的动力性能指标,也是国际流行的轿车动力性能指标。

检测时,汽车起步后,猛踩加速踏板,发动机发出强劲的轰鸣声,车速迅速提高,以此检查汽车的加速性能,各种汽车设计的加速性能不尽相同。有经验的鉴定估价人员,熟悉各种常见车型的加速性能,通过如此检测就可以检查出被检汽车的加速性能与正常该型号汽车加速性能之间的差距。

检查汽车的爬坡能力。将被检汽车驶在相应的坡道上,使用相应挡位时的动力性能与经验值相比较,检查人员可以感觉车辆的爬坡能力的高低。检查汽车是否能够达到设计车速,如果达不到,可以估计一下差距大小。如果爬坡没动力,最高车速与设计的最高车速相差太大,说明该车辆动力性能差。

4. 检查制动性能

1)制动性能检查的技术要求

关于汽车的制动性能和应急制动性能在《机动车运行安全技术条件》(GB 7258—2017)中规定,检查应在平坦、硬实、清洁、干燥且轮胎与地面间的附着系数不小于0.7的水泥或沥青路面上进行,检测时发动机与传动泵分离。汽车在规定初速度下的制动距离和制动稳定性应符合表2-5的要求。

制动距离和制动稳定性要求　　　　　表 2-5

机动车类型	制动初速度（km/h）	满载检验制动距离要求（m）	空载检验制动距离要求（m）	试验通道宽度（m）
三轮汽车	20	≤5.0		2.5
乘用车	50	≤20.0	≤19.0	2.5
总质量小于或等于3500kg的低速汽车	30	≤9.0	≤8.0	2.5
其他总质量小于或等于3500kg的低速汽车	50	≤22.0	≤21.0	2.5
其他汽车、乘用车列车	30	≤10.0	≤9.0	3.0
两轮普通摩托车	30	≤7.0		—
边三轮摩托车	30	≤8.0		2.5
正三轮摩托车	30	≤7.5		2.3
轻便摩托车	20	≤4.0		—
轮式拖拉机运输机组	20	≤6.5	≤6.0	3.0
手扶变型运输机	20	≤6.5		2.3

2) 制动性能的检查内容

(1) 检查行车制动。如果汽车制动时跑偏，很可能是同一车桥上左右两个车轮的制动力不等，或者是制动力相同但制动时刻不一致导致的。其原因有轮胎气压不一致、制动鼓（盘）与摩擦片间隙不均匀，或是摩擦片上有油污、制动蹄片弹簧损坏等。

汽车起步后，先踩一下制动踏板（俗称点刹），检查是否有制动；然后加速至 20km/h 进行紧急制动，检查紧急制动是否可靠，有无跑偏、甩尾等现象；再加速至 50km/h，先用点刹检查汽车是否能够立即减速、跑偏，再紧急制动检查制动距离和跑偏量。

(2) 检查制动效能。如果在行车过程中进行制动，减速度很小，制动距离很长，说明该车的制动效能欠佳。导致制动效能欠佳的原因有摩擦片与制动鼓（盘）的间隙较大、制动踏板自由行程过大、制动油管内有空气、制动主缸或轮缸有故障、制动油管漏油等。

制动时，如果踏下制动踏板时有海绵感觉，说明制动管路内有空气或制动系统某处有泄漏，应立即停止路试；如果踩下制动踏板时制动踏板或制动鼓发出尖叫声，说明摩擦片可能磨损，路试结束后应检查摩擦片的厚度是否符合技术要求。

(3) 检查驻车制动。检查驻车制动，应选择一坡路。在坡路上，拉紧驻车制动器操纵杆后观察汽车能否停稳。若发现有溜车现象，说明驻车制动有故障。其原因可能是摩擦片与制动鼓（盘）间隙过大或者有油污、摩擦片磨损严重或打滑等。一般地，驻车制动力应不小于整车质量的 20%。

5. 检查行驶稳定性和操纵性

使检查车辆保持 50km/h（中速）左右的速度直线行驶，或空挡滑行，双手松开转向盘，观察汽车行驶状况。无论汽车转向哪一边，都说明该车的转向轮定位不准，或车身、悬架变形、一侧的减振器漏油、两边的轴距不准确、两侧胎压不等。

使检查车辆保持 90km/h（高速）以上的速度行驶，观察转向盘有无摆振现象（俗称汽车摆头)。如果发现汽车有高速摆头现象,则表明可能存在车轮不平衡或不对中、横拉杆球头松旷、轮毂轴承松旷、前束过大等故障。

在比较宽敞的路面上,左右转动转向盘(或做转弯测试),检查转向是否灵活、轻便。若转向沉重,则说明可能存在下列状况:转向节轴承缺润滑油;轮胎气压过低;横拉杆、前桥、车架弯曲变形;前轮定位不准。对于带助力转向的汽车,转向沉重可能是助力转向泵和齿轮齿条磨损严重,或是油路中有空气、驱动皮带打滑、安全阀漏油等原因造成。

转向盘最大自由转动量不允许大于20°(最高设计车速不小于100km/h的机动车)。若转向盘的自由转动量过大,意味着转向机构磨损严重,导致转向盘的游动间隙过大,转向不灵。

6. 检查汽车行驶平顺性

驾驶汽车通过粗糙、凹凸不平的路面,或通过公铁路口,感觉汽车通过时的平顺性和乘坐舒适性。

当汽车转弯或通过坑洼不平的路面时,仔细听汽车前端是否发出"嘎吱"的声音。若有,则可能是减振器紧固装置松旷,或轴承磨损严重。汽车转弯时,若车身侧倾过大。则可能是横向稳定杆衬套或减振器磨损严重。

7. 检查汽车传动效率

通过进行汽车滑行试验,可以检查汽车传动效率。做法是:在平坦的路面上,将汽车加速至50km/h左右,踏下离合器踏板,将变速器挂空挡滑行。根据经验,通过滑行距离估计汽车传动效率的高低。汽车越重,其滑行距离越远;初始车速越高,其滑行距离越远。

8. 检查风噪声

汽车行驶过程中逐渐提高车速至高速行驶,倾听车外风噪声。风噪声过大,说明车门密封不严,原因为密封条变质损坏,或车门变形,特别是事故车在整形后,密封问题较难解决。

正常情况下,车速越高风噪声越大。对于空气动力学性能好的汽车,其密封和隔音性能较好,噪声较小。而对于空气动力学性能较差或整形后的事故车,风噪声一般较大。

四、汽车动态试验后检查

1. 检查各部件温度

动态试验结束后,检查人员还要检查润滑油、冷却液的温度,冷却液温度不应超过90℃,发动机润滑油温度不应高于95℃,齿轮油温度不应高于85℃。

检查运动机件是否存在过热情况。查看轮毂、制动鼓、传动轴、变速器壳、中间轴承、驱动桥壳等的温度,不应有过热现象。

2. 检查渗漏现象

在发动机运转及停车时,水箱、水泵、缸体、缸盖、暖风装置以及所有连接部位皆不得有明显的渗水、漏水现象。汽车连续行驶距离不小于10km,停车5min后观察,不得有明显的渗油、漏油现象。气压制动汽车,在气压升至600kPa且不使用制动的情况下,停止空气压缩机3min后,气压的降低值不应大于10kPa。在气压为600kPa的情况下,将制动踏板踩到底,待气压稳定后观察3min,气压的降低值不应大于20kPa。液压制动的汽车,保持踏板力700N,1min以内不允许有缓慢向前移动的现象。

第四节 二手车仪器检测

通过静态检查和动态检查,可以对汽车的技术状况进行定性的判断,即初步判定车辆的运行情况是否基本正常、车辆各部件有无故障及导致故障的可能原因等。但要求对汽车进行某些项目的严格鉴定(如司法鉴定)时,仅有定性判断是不够的,这就需要借助某些专用仪器或设备对车辆各项技术性能及各总成、部件的技术状况进行定量、客观的评价。

检测汽车性能指标的设备有底盘测功机、制动检验台、油耗仪、侧滑试验台、前照灯检测仪、车速表试验台、发动机综合测试仪、示波器、四轮定位仪、车轮平衡仪等设备。这些设备一般在汽车综合性能检测中心(站)或资质较高的汽车修理厂采用,操作难度较大,不要求二手车鉴定评估员一定要掌握这些设备的使用。但对于常规的小型检测设备如汽缸压力表、真空表、万用表、正时枪、燃油压力表、废气分析仪、烟度计、声级计、微电脑故障诊断仪(俗称解码仪)等应熟练掌握,以便能够迅捷地判断汽车技术状况。

一、汽车动力性检测

动力性是汽车重要的基本性能之一,它直接影响汽车运输效率的高低,动力性的高低直接取决于发动机的性能。汽车使用一段时间之后,其技术状况会发生改变,动力性也会发生改变。汽车动力性的检测方法有道路试验和室内台架试验两大类。

1. 汽车动力性台架检测

汽车动力性台架试验,主要是用无外载测功仪(或无负荷测功仪)检测发动机功率,底盘测功机检测汽车的最大输出功率、最高车速和加速能力。室内台架试验不受气候、驾驶员技术条件等客观因素的影响,只受测试仪本身精度的影响,测试易于控制,所以在汽车检测站广泛应用。

为了使测量结果更为精确,底盘测功机的生产厂家,都在说明书中给出了底盘测功机本身在测试过程中随转速变化机械摩擦所消耗的功率,对风冷式测功机还会给出冷却风扇随转速变化所消耗的功率。此外,底盘测功机的结构不同,对汽车在滚筒上模拟道路行驶时的滚动阻力也不相同,在说明书中还会给出不同尺寸的车轮在不同转速下的滚动阻力系数。

1)汽车底盘输出功率检测方法

通过底盘测功机可以检测车辆的最大底盘驱动功率,从而评定车辆的技术状况等级。

底盘测功机又称底盘测功试验台,是一种测量驱动轮输出功率的台架检测装置,是汽车动力性能测试的重要设备。通过在室内台架上模拟汽车道路行驶工况的方法来检测汽车的动力性,而且可以测量汽车多工况排放指标及油耗。此外,底盘测功机还能方便地进行汽车的加载调试和诊断汽车在负载条件下出现的故障等。在汽车底盘测功机上进行试验时,可以对试验条件进行控制,从而使周围环境条件的影响降到最小;同时,通过功率吸收加载装置来模拟道路行驶的阻力,控制行驶状况。因此,底盘测功机可以进行某些模拟实际行驶状况的复杂循环试验,得到了广泛应用。

底盘测功机分为两类:单滚筒底盘测功机,其滚筒直径大(1500～2500mm),制造和安装费用大,但测试精度高,一般用于汽车生产厂家和科研单位;双滚筒式底盘测功机的滚筒直径小(180～500mm),设备成本低,使用方便,测试精度稍差,一般用于汽车使用、维修行业及汽车检测线/站。

底盘测功试验台通常由滚筒装置、加载装置、惯性模拟装置、测量和辅助装置四大部分组成,如图2-3所示。

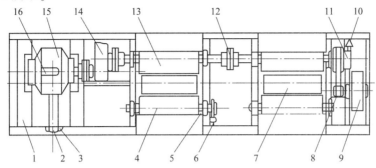

图2-3 底盘测功试验台

1—框架;2—测力杠杆;3—压力传感器;4—从动滚轮;5—轴承座;6—速度传感器;7—举升装置;8—传动带轮;9—飞轮;10—电刷;11—离合器;12—联轴器;13—主动滚筒;14—变速器;15—电涡流测功器;16—冷却水入口

(1)在动力性检测之前,必须按汽车底盘测功机说明书的规定进行试验前的准备。台架举升器处于上升状态,无举升器的滚筒必须锁定;车轮轮胎表面不得夹有小石子或坚硬之物。

(2)汽车底盘测功机控制系统、道路模拟系统、引导系统、安全保障系统等必须工作正常。

(3)在动力性检测过程中,控制方式处于恒速控制,当车速达到设定车速(误差±2km/h)并稳定5s后,通过计算机读取车速与驱动力数值,计算汽车底盘输出功率。

(4)输出检测结果。

2)发动机功率检测方法

发动机输出的有效功率是发动机的综合性能评价指标。该指标直接描述了发动机的技术状况,定量地说明了发动机的动力性。目前,发动机功率的检测方法有无负荷测功法和有负荷测功法两种。其中,有负荷测功法需要将发动机从汽车上卸下,不便于就车检测,其测量的功率精度较高;无负荷测功法又称为动态测功法,它是利用发动机无负荷测功仪检测发动机功率,使用方便,检测快捷。具体做法是:当发动机在怠速或空载某一低速下运转时,突然全开节气门,使发动机克服惯性和内摩擦阻力而加速运转,其加速性能的好坏可以直接反映出发动机功率的大小。便携式无负荷测功仪面板如图2-4所示。

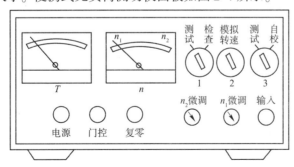

图2-4 便携式无负荷测功仪面板

3)数据处理

目前,不同厂家生产的底盘测功机显示内容不尽一样,有的显示功率吸收装置吸收功率的数值,有的显示驱动轮输出的最大底盘输出功率的数值。对于显示功率吸收装置所吸收功率数值的,在数据处理时,必须增加汽车在滚筒上滚动阻力消耗的功率、台架机械阻力消耗的功率及风冷式功率吸收装置的风扇所消耗的功率。

用发动机无外载测功仪测得的发动机功率为净功率。若检测车辆发动机的额定功率为总功率,那么,测得的功率应加上发动机附件消耗的功率,才能与额定功率进行比较。

2. 发动机汽缸密封性检测

发动机密封性是由汽缸活塞组、气门与气门座,以及汽缸盖、汽缸体、汽缸垫及相关零件配合保证的。发动机在长期使用过程中,汽缸活塞组零件逐渐磨损,气门与气门座磨损、烧蚀以及缸体、缸盖密封面变形,导致汽缸漏气,密封性降低,从而导致发动机功率下降,油耗增加。因此,为了使发动机保持良好的工作状态,须对发动机的密封性进行检测。通常,通过检测汽缸压缩压力来评价汽缸的密封性。

汽缸压缩终了时刻的压力与发动机的热效率和平均指示压力有密切的关系。影响汽缸压缩压力的因素有汽缸活塞组的密封性、气门与气门座的密封性以及汽缸垫的密封性等。因此,通过测量汽缸压缩终了时的压力,可以间接地判断上述各部位的技术状况。

图 2-5　汽缸压力表

1)检测工具

检测汽缸压缩压力的工具就是汽缸压力表,如图 2-5 所示。汽缸压力表是一种专用压力表,一般由表头、导管、止回阀和接头等组成。汽缸压力表接头有螺纹管接头和锥型或阶梯型橡胶接头两种。止回阀关闭时,可保持压力表指针位置,便于读出汽缸压缩压力的检测数值,止回阀打开时,指针回零,以用于下次测量。

2)检测方法

(1)发动机运转直到正常工作温度,用压缩空气吹净火花塞周围的脏物。

(2)拆下全部火花塞或喷油器(柴油机),并按汽缸顺序依次放置。从点火线圈上卸下次级线圈接头,拆下空气滤清器。

(3)把汽缸压力表的橡胶接头放在被测汽缸的火花塞孔内,扶正压紧;或把螺纹管接头拧在火花塞孔上。

(4)节气门置于全开位置。

(5)用起动机带动曲轴旋转 3 ~ 5s,在压力表表头指针指示最大压力时停止转动,取下汽缸压力表,记录读数,然后按下止回阀使指针归零。

(6)按上述方法依次测量各缸,每缸的测量次数不少于 2 次,每缸测量结果取算数平均数,按相反顺序依次装回火花塞、分缸线、空气滤清器。

3)检测结果分析

发动机汽缸压缩压力的技术标准按《汽车修理质量检查评定方法》(GB/T 15746—2011)的标准要求;大修后汽缸压力值应符合原设计要求,各缸压力差汽油机不超过各缸平均压力的 5%,柴油机小于 8%。

二、汽车燃油经济性检测

汽车的燃油经济性一般采用燃油消耗量试验来评定的。检测汽车的燃油消耗量一般使用燃油消耗检测仪,通过测定燃油消耗量的容积或质量来表示。可以通过汽车道路试验或在底盘测功试验台上模拟路试来检测其燃油消耗量。

1. 汽车燃油经济性路试检测

根据《汽车燃料消耗量试验方法 第1部分:乘用车燃料消耗量试验方法》(GB/T 12545.1—2008)以及《商用车燃料消耗量试验方法》(GB/T 12545.2—2001)的规定,汽车在路试条件下燃料消耗量的试验方法如下:

1)试验规范

汽车路试的基本规范按照《汽车道路试验方法通则》(GB/T 12534—1990)。

2)试验车辆载荷

除有特殊规定外,轿车为规定载荷的一半,试验时取整数;城市客车为总质量的65%;其他车辆为满载,乘员质量及其装载要求按《汽车道路试验方法通则》规定。

3)试验仪器

试验仪器及精度要求如下:

(1)车速测定仪和汽车燃油消耗仪:精度0.5%;

(2)计时器:最小读数0.1s。

4)试验的一般规定

(1)试验车辆必须清洁,关闭车窗和驾驶室通风口,只允许开动为驱动车辆所必需的设备;

(2)由恒温器控制的空气流必须处于正常调整状态。

5)试验项目

(1)直接挡节气门全开加速燃料消耗量试验;

(2)等速燃料消耗量试验;

(3)多工况燃料消耗量试验;

(4)限定条件下的平均使用燃料消耗量试验。

在进行道路试验时,多以等速行驶燃料消耗量试验来检测汽车燃油消耗量,即汽车在常用挡位(直接挡),从车速20km/h(当最低稳定车速高于20km/h时,从30km/h)开始,以10km/h的整数倍均匀选取车速,通过500m的测量路段,测定燃油消耗量G(mL)和通过时间t(s),每种车速往返试验各进行两次,直到该挡最高车速的90%以上(至少测定5个试验车速)。两次试验时间的间隔(包括达到预定车速所需的助跑时间)应尽量缩短,以保持稳定的热状态。

各平均实测车速v及其相应的等速油耗量的平均值Q_0为:

$$\begin{cases} Q_0 = G/500 = 0.2G \text{ (L/100 km)} \\ v = 3.6 \times 500/t \end{cases} \tag{2-1}$$

式中,G、t皆为预选车速下的平均值。计算得到Q_0后将其校正为标准状态下的Q_c。标准状态指:大气温度20℃;大气压力100 kPa;汽油密度0.742g/mL;柴油密度0.830g/mL。校正公式为:

$$\begin{cases} Q_c = Q_0/(C_1 \times C_2 \times C_3) \text{ (L/100 km)} \\ C_1 = 1 + 0.0025(20 - T) \\ C_2 = 1 + 0.0021(P - 100) \\ C_3 = 1 + 0.8(0.742 - \rho) \quad \text{(汽油车)} \\ C_3 = 1 + 0.8(0.830 - \rho) \quad \text{(柴油车)} \end{cases} \tag{2-2}$$

式中：C_1——环境温度校正系数；
　　　C_2——大气压力校正系数；
　　　C_3——燃油密度校正系数；
　　　T——试验时的环境温度，℃；
　　　P——试验时的大气压力，kPa；
　　　ρ——试验时的燃油密度，g/mL。

各种车速下油耗测试值对平均值的相对误差不应超过±2.5%。

6）绘制等速燃料消耗量特性曲线

以车速为横轴，百公里燃油消耗量为纵轴，绘制出各等速燃料消耗量散点，根据各散点绘制等速燃料消耗量的特性曲线 Q_c-v 曲线。如图2-6为某车型的等速百公里油耗特性曲线。

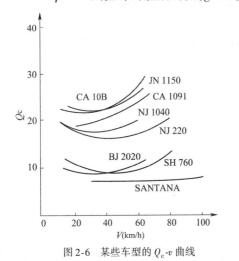

图2-6　某些车型的 Q_c-v 曲线

2. 汽车燃油经济性台架试验检测

按国家标准规定，检测汽车的燃油经济性应该采用道路试验，但是，采用路试的方法检测汽车燃油消耗量受到很多条件限制，而在底盘测功机上通过台架试验检测汽车燃油消耗量目前没有国家标准。为了便利，可参照《汽车燃料消耗量试验方法　第1部分：乘用车燃料消耗量试验方法》（GB/T 12545.1—2008）和《商用车辆燃料消耗量试验方法》（GB/T 12545.2—2001）的要求评价汽车燃油经济性。在底盘测功试验台上，模拟道路等速行驶来检测汽车燃油消耗量。

1）台架试验中检测燃油消耗量方法

当汽车驶上底盘测功试验台后，拆卸燃油管路，接上油耗传感器，排除油路中的空气，然后在底盘测功试验台上进行加载，加载量要符合该车在路试状态下的各种阻力，进行油耗检测。

台架试验中常用的检测汽车燃油消耗量的方法有两种：一种称为质量法，采用质量式油耗传感器在底盘测功试验台上进行油耗检测；另一种称为容积法，采用行星活塞式油耗传感器在底盘测功试验台上进行油耗检测。

2）汽车燃料经济性试验的注意事项

排出油路中的空气。进行油耗检测时必须排出油路中的空气。方法如下：对于汽油车，将从油箱到汽油泵的管路"短路"，装上新的、密封性好的、无堵塞的油管，用性能稳定的电动汽油泵和汽油滤清器代替原车相应部件，缩短油泵到传感器的油管长度，使油泵到油耗传感器的阻力减小，从而避免油路中空气对检测结果的影响；在柴油车油路中安装好油耗传感器后，须用手动泵泵油，以泵油压力排出油路中的空气。它与汽油车差别在于：一是汽油车可以在发动后排净空气，而柴油车必须在发动之前排尽油路中的空气；二是汽油车在拆去油耗传感器恢复其原油路时，无须排出空气，而柴油车在拆去传感器恢复原油路后仍需排出油路中刚进去的空气。

三、汽车制动性能检测

汽车的制动性能好坏直接关系到交通安全。汽车制动性能检测有室内台试制动性能检验和道路试验检测。根据《机动车运行安全技术条件》(GB 7258—2017)规定,当汽车经台试制动性能检验后对其制动性能有质疑时,可用道路试验检测,并以满载路试的检验结果为准。

台试制动性能检验的主要项目有制动力、制动力平衡要求、车轮阻滞力和制动协调时间;道路试验检测的主要项目有制动距离、充分发出的平均减速度、制动稳定性、制动协调时间和驻车制动坡度。

1. 台试检验汽车制动性能

行车制动性能检验要求如下。

(1)制动力的要求。《机动车运行安全技术条件》(GB 7258—2017)对台试制动性能检验制动力的要求见表2-6。对空载检验制动力有质疑时,可用表2-7规定的满载检验制动力要求进行检验。

台试检验制动力要求 表2-6

机动车类型	制动力总和与整车质量的百分比(%)		轴制动力与轴荷[a]的百分比(%)	
	空载	满载	前轴[b]	后轴[b]
三轮汽车	—	—	—	≥60[c]
乘用车、其他质量不大于3500kg的汽车	≥60	≥50	≥60[c]	≥20[c]
铰接客车、铰接式无轨电车、汽车列车	≥55	≥45	—	—
其他汽车	≥60[d]	≥50	≥60[c]	≥50[e]
挂车	—	—	—	≥55[f]
普通摩托车	—	—	≥60	≥55
轻便摩托车	—	—	≥60	≥50

注:a. 用平板制动检验台检验乘用车、其他总质量小于或等于3500kg的汽车时应按左右轮制动力最大时刻所分别对应的左右轮动态轮荷之和计算。

b. 机动车(单车)纵向中心线中心位置以前的轴为前轴,其他轴为后轴;挂车的所有车轴均按后轴计算;用平板制动试验台测试并装轴制动力时,并装轴可视为一轴。

c. 空载和满载状态下测试时均应满足此要求。

d. 对总质量小于或等于整备质量的1.2倍的专项作业车应大于或等于50%。

e. 满载测试时后轴制动力百分比不做要求;空载用平板制动检验台检验时应大于或等于35%;总质量大于3500kg的客车,空载用反力滚筒式制动试验台测试时应大于或等于40%,用平板制动检验台检验时应大于或等于30%。

f. 满载状态下测试时应大于或等于45%。

(2)制动力平衡要求(两轮、边三轮摩托车,前轮距小于或等于460mm的正三轮摩托车和轻便摩托车除外)。在制动力增长全过程中同时测得的左右轮制动力差的最大值,与全过程中测得的该轴左右轮最大制动力中大者(当后轴制动力小于该轴轴荷的60%时与该轴轴荷)之比,对新注册车和在用车应符合表2-7的要求。

台试检验制动力平衡要求 表2-7

车辆类型	前轴	后轴	
		轴制动力大于等于该轴轴荷60%时	制动力小于该轴轴荷60%时
新注册车	<20%	<24%	<8%
在用车	<24%	<30%	<10%

(3)制动协调时间要求。汽车的制动协调时间,对液压制动的汽车不应大于0.35s,对气压制动的汽车不应大于0.60s;汽车列车和铰接客车、铰接式无轨电车的制动协调时间不应大于0.80s。

(4)汽车车轮阻滞力要求。进行制动力检验时各车轮的阻滞力均不应大于车轮所在轴轴荷的5%。

2. 台试检测汽车制动性能方法

1)用滚筒式制动检验台检验

滚筒式制动检验台滚筒表面应干燥,没有松散物质及油污,滚筒表面当量附着系数不应小于0.75。

驾驶员将机动车驶上滚筒,位置摆正,置变速器于空挡。启动滚筒,在2s后测取车轮阻滞力;使用行车制动,测取制动力增长全过程中的左右轮制动力差和各轮制动力的最大值,并记录左右车轮是否抱死。

在测量制动力时,为了获得足够的附着力,允许在机动车上增加足够的附加质量或施加相当于附加质量的作用力(附加质量或作用力不计入轴荷)。

在测量制动力时,可以采取防止机动车移动的措施(例如加三角垫块或采取牵引等方法)。当采取上述方法之后,仍出现车轮抱死并在滚筒上打滑或整车随滚筒向后移出的现象,而制动力仍未达到合格要求时,应改用其他方法进行检验。

2)用平板制动检验台检验

制动检验台平板表面应干燥,没有松散物质及油污,平板表面附着系数不应小于0.75。

驾驶员将机动车对正平板制动检验台,以5~10km/h的速度(或制动检验台制造厂家推荐的速度)行驶,置变速器于空挡(自动变速的机动车可置变速器于N挡),急踩制动踏板,使机动车停止,测取所要求的参数值。

3)检验方法选择

机动车安全技术检验时,机动车制动性能的检验宜采用滚筒反力式制动检验台或平板制动检验台检验制动性能,其中前轴驱动的乘用车更适合采用平板制动检验台检验制动性能。

不宜采用制动检验台检验制动性能的机动车及对台试制动性能检验结果有质疑的机动车应路试检验制动性能。

对满载/空载两种状态时后轴轴荷之比大于2.0的货车和半挂牵引车,宜加载(或满载)检验制动性能,此时所加载荷应计入轴荷和整车质量。加载至满载时,整车制动力百分比应按满载检验考核;若未加载至满载,则整车制动力百分比应根据轴荷按满载检验和空载检验的加权值考核。

3. 路试制动性能检验方法

路试检验制动性能应在平坦(坡度不应大于1%)、干燥和清洁的硬路面(轮胎与路面之间的附着系数不应小于0.7)上进行。

在试验路面上画出表2-5规定宽度的试验通道的边线,被测车辆沿着试验车道的中线行驶至高于规定的初速度后,置变速器于空挡(自动变速的车辆可置变速器于N挡),当滑行到规定的初速度时,急踩制动踏板,使车辆停止。

用制动距离检验行车制动性能时,采用速度计、第五轮仪或用其他测试方法测量机动车的制动距离,对除气压制动外的机动车还应同时测取踏板力(或手操纵力)。

用充分发出的平均减速度检验行车制动性能时,采用能够测取充分发出的平均减速度(MFDD)和制动协调时间的仪器测量车辆充分发出的平均减速度和制动协调时间,对除气压制动外的机动车还应同时测取制动踏板力(或手操纵力)。

路试检验制动性能的仪器有便携式制动性能测试仪、第五轮仪、非接触式运动分析仪和减速度仪。但第五轮仪和非接触式运动分析仪价格昂贵、体积较大且安装较为麻烦,需要经过专门培训的技术人员操作,并且用第五轮仪和非接触式运动分析仪进行路试检验时通常只能对制动距离进行评判,这就需要进行制动检验时制动初速度必须在规定的范围内。由于检测机构的试车跑道通常较短,检验难度大,因此,检测机构一般很少用第五轮仪或非接触式运动分析仪进行路试检验(介绍略)。

四、车轮侧滑检测

汽车前轮定位准确与否对汽车的操纵性、行驶稳定性影响很大,因此,转向轮定位是很重要的检测项目。为了保证汽车转向轮直线滚动时无横向滑移现象,要求车轮外倾角与车轮前束有适当配合,否则,车轮就可能在直线行驶过程中产生侧滑现象。侧滑现象严重时,将破坏车轮的附着条件,定向行驶能力减弱甚至丧失,致使轮胎异常磨损。在机动车年度审检中,应用侧滑试验台对车轮侧滑进行检测,确保车辆的操纵性和行驶稳定性。

1. 汽车侧滑量要求

侧滑量是指汽车直线行驶位移量为 1km 时,转向轮的横向位移量。侧滑量的单位是 m/km。《机动车运行安全技术条件》(GB 7258—2017)和《机动车安全技术检验项目和方法》(GB 38900—2020),对汽车有关转向轮定位参数的检测作了如下一些规定:

(1)机动车转向轮转向后应能自动回正,以使机动车具有稳定的直线行驶能力。

(2)机动车前轮定位值应符合该车有关技术条件。

(3)将车辆正直居中驶进侧滑检测台,并使转向轮处于正中位置,在驱动状态下以不大于 5km/h 的车速平稳直线通过侧滑检测台,读取最大示值。

2. 转向轮侧滑量检验方法

动态检测法是使汽车以一定的行驶速度通过侧滑试验台,从而测量转向轮的横向侧滑量。汽车侧滑试验台是用以检测汽车前轮侧滑量的一种专门设备。而汽车前轮的侧滑量主要受转向轮外倾角及转向轮前束值的影响。所以,侧滑试验台就是为检测汽车转向轮外倾角与前束值这两个参数配合是否恰当而设计的一种专门的室内检测设备。不同型号的侧滑试验台,其使用方法有所区别,应根据使用说明书制定操作规程。侧滑试验台一般的检测步骤是:

(1)拔掉滑动板的锁止销钉,接通电源。

(2)汽车以 3~5km/h 的速度垂直侧滑板驶向侧滑试验台,使前轮平稳通过滑动板。

(3)当前轮完全通过滑动板后,从指示装置上观察侧滑方向并读取、打印最大侧滑量。

(4)检测结束后,切断电源并锁止滑动板。

当检测结果不符合侧滑量要求时,应分析其原因。当超出侧滑量要求较小时,一般可以通过调整排除;当超出侧滑量要求较大时,则要更换部分零件,甚至需要校正车身才能排除。明确超差原因,就可以估算排除超差现象所需费用。

3. 检测时注意事项

(1)不允许超过额定载质量的汽车驶入侧滑试验台,以防压坏或损伤机件。

(2)不允许汽车在侧滑台上转向或制动,否则,会影响测量精度和检验台的使用寿命。

(3)前轴驱动的汽车在测试时,不能突然加速、减速或踩离合器踏板,否则,会改变前轮受力状态和定位角,影响测量精度。

如果检测的结果不合格,需要分析不合格的原因。若侧滑量偏差较小,一般通过调整就可以使其合格;若侧滑量偏差比较大,可能需要更换部分零部件,甚至需要校正车身才能消除偏差。

五、汽车四轮定位检测

汽车保有量越来越大,公路路况越来越好,汽车行驶越来越快,对汽车的操纵性要求越来越高。为了保证汽车的行驶稳定性,车轮与车轴之间必须保持正确的位置关系。前轴、后轴的轴线必须相互平行且垂直于汽车纵轴线,车轮的定位角必须正确。汽车在使用过程中,由于各种事故会导致悬架损伤、车身或车架的变形引起车轮定位参数发生变化。不正确的车轮定位参数会导致转向沉重、轮胎异常磨损(俗称"吃胎")、油耗增加、方向回正困难、行驶跑偏等,这些变化使汽车的操纵稳定性降低,影响行车安全。

车轮定位包括前轮定位和后轮定位,也就是常说的四轮定位。四轮定位的作用就是使汽车能够保持稳定的直线行驶、转向轻便,减少汽车在行驶中轮胎和转向机件的磨损。

图2-7 四轮定位仪

四轮定位仪是专门用来测量车轮定位参数的设备。四轮定位仪检测的项目包括前轮前束值/角(前轮前束角/前张角)、前轮外倾角、主销后倾角、主销内倾角、后轮前束值(后轮前束角/前张角)、后轮外倾角、轮距、轴距、转向20°时的前张角、推力角和左右轴距差等。

目前常用的四轮定位仪有拉线式、光学式、电脑拉线式和电脑激光式四种,它们的测量原理都是一样的,只是采用的测量方法或使用的传感器类型及数据记录与传输的方式不同,本书介绍光学式四轮定位仪,如图2-7所示。

光学式四轮定位仪的试验方法如下。

1. 测量前准备工作

(1)安装测试投影仪。安装投影仪时必须注意,投影仪上标有"L"的,必须安装在待检车辆行进方向的左边导轨上,标有"R"的放在右边导轨上。

左右两侧投影仪的光学中心必须校准在同一轴线上,以便测量汽车左右轮的同轴度,调整时必须保证两侧投影仪屏幕上的十字刻度线在同一水平面上。

(2)调整投影仪上投光镜的高度。测量待检车辆轮毂中心距离地面高度,将测量值减去30mm,所得值作为投光镜的高度值,有偏差的通过手柄来调整。

(3)车辆的准备。检测前,被检车辆车轴的状况必须良好,车轮的所有轴承间隙、转向间隙和主销间隙均须检查并经过调整,轮胎气压要符合出厂要求。

2. 安装调整

(1) 将待检车辆驶到定位仪上，后轮停在可以横向移动车辆的后轮滑板中心处，在滑板的下面有滚筒支承。轮毂中心位置与投影仪等高。

(2) 安装轮镜。首先根据轮辋直径调整三个卡爪之间的距离，然后将万能轮镜安装架紧固在轮辋边沿上，将带有调整盘的轮镜安装在该架上，支起车轮并轻轻转动一周，若轮镜中心偏离车轴中心超过1cm，应移动轮镜至车轮中心并紧固。

(3) 轮镜安装基准调整。由于轮辋的变形和轮镜安装架的安装误差，使夹在车轮上的镜面不垂直于车轮轴心线而造成测量误差。因此，需要进行轮镜安装基准调整（补偿调整）。

首先，支起车轮，打开投影仪开关，轮镜将刻度线的像反射到投影仪的屏幕上，用手慢慢转动车轮，同时，观察屏幕上的十字刻度线，若十字刻度线摆动量超过屏幕上一个刻度值时，需要使用三角形布置的调整旋钮调整，直至十字刻度线不摆动为止，然后锁紧。

补偿调整结束后，将转盘置于前车轮下面，落下车辆，后轮置于滑板上，按压车身前部，给汽车悬架施加上下交替的力，使悬架系统处于正常的受力状态，并将前轮向左和向右转动几次，消除转向间隙，最后让转向盘位于中间位置，前轮位于"正前方"位置，拉紧驻车制动器操纵杆。

(4) 将车辆摆正定位。定位测量卷尺置于待检车辆的左前侧，用卷尺的磁性座与投影仪的底座相连，垂直于车轮中心线量出至轮辋最低位置间的距离，同样的方法测出右侧的距离，如果左右两侧的距离有差异，调整滑板直到两侧的距离相同为止。

运用同样的方法测出后轮左侧和右侧的数值，左右调整后轮摆正滑板，直至两侧的距离相同为止。

通过上述调整过程，消除了前后轮距不等所造成的影响。此时待检车辆刚好位于光学矩形中心位置，保证了该光学系统的测试精度。

3. 定位参数测量

各定位参数的测量值可直接从屏幕上和转盘上读出或从投影仪底座上的刻度尺上读出。

(1) 测量前轮左/右主销内倾角。前轮安装传感器及配件，锁紧前轮传感器，后轮传感器可不用，转盘不锁紧，不用转向盘锁定杆，使用制动器以防车轮滚动。

从"角度测量选项单"中选择"主销内倾角程序"，转动车轮使转向角显示0°，等待测量。使左轮向左转动20°（转向角度显示在屏幕上），主销内倾角将相对0°值自动存储，听到声响后即完成。转动转向盘，车轮继续向左转动，直到右边车轮也转过20°（转向角的值显示在屏幕上），存储器自动将右主销内倾角存储。

然后，将车轮右转20°（转向角显示在屏幕上），右轮主销内倾角测量值显示在屏幕上方，右主销内倾角测量完毕。继续转动转向盘，使左轮右转至20°，左轮主销内倾角测量值也就显示屏幕上，左主销内倾角测量完毕。

比较各测量值，从屏幕显示的颜色判断，白色表示测量值与基准值无偏差，绿色表示测量值在公差范围内，红色表示测量值在公差范围外。

(2) 测量前轮左/右主销后倾角。采用与主销内倾角测量相同的操作过程，只是不用制动器就可读出数据。

(3)测量左(右)后轮前束角/外倾角。测量后轮前束角和外倾角时,使用四个传感器,使用转向盘锁定杆防止车轮转向,使用制动器防止车轮滚动,在"角度测量选项单"中选中"后轮倾角测量程序",在屏幕上显示左、右侧后轮前束角及外倾角,还可以进一步由两后轮前束角算出推力角。用测量值与原厂值比较,如果测量值正确,可进行下一步操作,如果测量值不正确,则一定要进行调整。

(4)测量左(右)前轮前束角/外倾角。方法同(3)。

六、汽车前照灯检测

在夜间或在能见度较低的时候,前照灯是能够为驾驶员提供行车道路的照明,并可以向其他车辆发出警示,进行交通联络的信号装置。因此,汽车的前照灯必须有足够的发光强度和正确的照射方向。车辆在日常使用过程中,由于振动可能导致前照灯部件的安装位置发生变动,从而改变光照方向;同时,灯泡也会随着使用时间的增加逐步老化,反射镜表面有污物也会导致聚光性能变差,致使前照灯的亮度不足。所有这些变化,都会使驾驶员视线不清,造成对道路辨认困难,产生视觉疲劳,导致交通事故的发生。因此,汽车前照灯的发光强度和光束的照射方向被列为机动车运行安全检测的必检项目。

1. 机动车前照灯技术要求

《机动车运行安全技术条件》(GB 7258—2017)中对汽车前照灯提出了相关的技术要求。

1)前照灯远光光束发光强度最小值要求

前照灯远光光束发光强度最小值要求见表2-8。

前照灯远光光束发光强度最小值要求 [单位:cd(坎德拉)]   表2-8

机动车类型		检查项目					
		新注册车			在用车		
		一灯制	二灯制	四灯制[a]	一灯制	二灯制	四灯制[a]
三轮汽车		8000	6000	—	6000	5000	—
最高设计车速小于70km/h的汽车		—	10000	8000	—	8000	6000
其他汽车		—	18000	15000	—	15000	12000
摩托车		10000	8000	—	8000	6000	—
轻便摩托车		4000	—	—	3000	—	—
拖拉机运输机组	标定功率>18kW	—	8000	—	—	6000	—
	标定功率≤18kW	6000[b]	6000	—	5000[b]	5000	—

注:a. 四灯制是指前照灯具有四个远光光束;采用四灯制的机动车其中两只对称的灯达到两灯制的要求时视为合格。

b. 允许手扶拖拉机运输机组只装用一只前照灯。

2）前照灯光束照射位置要求

（1）在空载车状态下，汽车、摩托车前照灯近光光束照射在距离10m的屏幕上，近光光束明暗截止线转角或中点的垂直方向位置，对近光光束透光面中心（基准中心，下同）高度小于或等于1000mm的机动车，应不高于近光光束透光面中心所在水平面以下50mm的直线且不低于近光光束透光面中心所在水平面以下300mm的直线；对近光光束透光面中心高度大于1000mm的机动车，应不高于近光光束透光面中心所在水平面以下100mm的直线且不低于近光光束透光面中心所在水平面以下350mm的直线。除装用一只前照灯的三轮汽车和摩托车外，前照灯近光光束明暗截止线转角或中点的水平方向位置，与近光光束透光面中心所在垂直面相比，向左偏移应小于或等于170mm 向右偏移应小于或等于350mm。

（2）在空载车状态下，轮式拖拉机运输机组前照灯近光光束照射在距离10m的屏幕上，近光光束中点的垂直位置应小于或等于0.7H（H为前照灯近光光束透光面中心的高度），水平位置向右偏移应小于或等于350mm且不应向左偏移。

（3）在空载车状态下，对于能单独调整远光光束的汽车、摩托车前照灯，前照灯远光光束照射在距离10m的屏幕上，其发光强度最大点的垂直方向位置，应不高于远光光束透光面中心所在水平面（高度值为H）以上100mm的直线且不低于远光光束透光面中心所在水平面以下0.2H的直线。除装用一只前照灯的三轮汽车和摩托车外，前照灯远光发光强度最大点的水平位置，与远光光束透光面中心所在垂直面相比，左灯向左偏移应小于或等于170mm且向右偏移应小于或等于350mm，右灯向左和向右偏移均应小于或等于350mm。

2．机动车前照灯检测

1）前照灯光束照射位置检验方法

目前各汽车检测机构和维修企业通常使用前照灯检测仪检测法。

前照灯检测仪分为聚光式、屏幕式、投影式和自动追踪光轴式等。目前，汽车检测站大多采用较为先进的自动追踪光轴式前照灯检测仪。无论哪种检测仪都是由接收前照灯光束的受光器、使受光器与汽车前照灯对正的找正装置、前照灯发光强度的指示装置与光轴偏斜量指示装置等组成。

2）自动追踪光轴式前照灯检测仪检测步骤

（1）检测仪的准备。

①在前照灯检测仪不受光状态下，检查光度计和光轴偏斜指示计的指针是否能对准机械零点。若指针失准，可用零点调整螺钉将其调整在零点上。

②检查聚光透镜和反射镜的镜面有无污物或模糊不清的地方。若有，可用柔软的布或镜头纸等擦拭干净。

③检查水准器的技术状况。若水准器无气泡，要进行修理；若气泡不在红线框内时，可用水准器调节器或垫片进行调整。

④检查导轨是否沾有泥土或小石子等杂物，要保证扫除干净。

（2）车辆的准备。

①清除前照灯上的油污。

②轮胎气压应符合汽车制造厂的规定。

③汽车蓄电池应处于充足电状态。

（3）检测开始。

①将汽车尽可能地与导轨保持垂直方向驶近检测仪，使前照灯与检验仪受光器相

距3m。

②将车辆摆正找准,使检测仪和汽车对正。

③点亮前照灯,接通检测仪电源,用上下、左右控制开关移动检测仪位置,使前照灯光束射到受光器上。

(4)检测注意事项。

①检测仪的底座一定要保持水平。

②检测仪不要受外来光线的影响。

③必须在汽车保持空载并乘坐一名驾驶员的状态下检测。

④汽车有四只前照灯时,一定要把辅助照明灯遮住后再进行测量。

⑤点亮前照灯照射受光器,一定要把光电池灵敏度稳定后再进行检测。

⑥仪器不用时,要用罩子把受光器盖好。

专业的二手车鉴定评估人员看到前照灯检测不合格的报告后,通常要对不合格的项目认真分析。常用的前照灯修理措施包括调整、更换前照灯底座、前照灯和校正前照灯框架。

七、汽车排气污染物检测

1.汽车排气污染物的成分及其危害

随着汽车工业的迅速发展,汽车保有量快速增加,汽车排放的污染物造成的环境污染情况亦日趋严重。汽车排放造成的污染对社会、环境和人类健康的危害已经成为严重的社会问题,因此,对汽车排放污染物的监控与防治,已到刻不容缓的地步。为了控制汽车的排放污染,世界各国都将汽车排放作为一项很重要的汽车检测项目。对于汽车尾气排放的检测要求,我国从2020年7月1日零时起,在全国开始实施"国六"排放标准。《轻型汽车污染物排放限值及测量方法(中国第六阶段)》(GB 18352.6—2016)也称为"国六标准",在该标准中,Ⅰ型试验被定义为常温下冷起动后排气污染物排放检测,要求所有汽车均应进行此项检测。同时,为贯彻《中华人民共和国环境保护法》《中华人民共和国大气污染防治法》,防治机动车大气污染,规范机动车排放检验工作,提升检验质量,生态环境部发布了《机动车排放定期检验规范》(HJ 1237—2021)和《汽车排放定期检验信息采集传输技术规范》(HJ 1238—2021)。

汽车排放的污染物主要有:一氧化碳(CO)、碳氢化合物(HC)、氮氧化合物(NO_x)、微粒物(PM)(由炭烟、铅氧化物等重金属氧化物和烟灰等组成)和硫化物等。这些污染物由汽车的排气管、曲轴箱和燃油系统排出,分别称为排气污染物(又称尾气)、曲轴箱污染物和燃油蒸发污染物。此外,还有含氯氟烃(CFCS)和二氧化碳(CO_2)等各种有害成分,直接或间接危害人类的健康。

1)一氧化碳(CO)

一氧化碳是汽油烃类成分燃烧的中间产物。如果空气充足,理论上燃料燃烧后不会产生CO,但当空气不足(氧气不足)即混合气空燃比小于14.7:1时,必然会有部分燃料不能完全燃烧而生成CO,特别发动机处于怠速状态时,混合气体过浓,此时发动机工作循环中的气体压力与温度不高,混合气体的燃烧速度减慢,属于不完全燃烧,致使CO的浓度增加。在发动机加速负荷范围工作时,或点火过分推迟也会导致尾气中CO的浓度增高。CO是一种无色、无刺激的气体。它能迅速和人体血液中的血红蛋白结合成为一氧化碳血红蛋白,阻止氧的输送。当其在人体血液中的浓度超过60%时,会导致人因窒息而死亡。

2)碳氢化合物(HC)

碳氢化合物总称为烃类,是发动机未燃尽的燃料分解产生的气体。汽车排放污染物中的未燃烃类的20%~25%来自曲轴箱窜气,20%来自燃油箱的蒸发,其余55%由排气管排出。当排出的 HC 总量达到一定浓度时就会影响人体健康。它与二氧化氮的混合物在强光照射下,可在大气中产生臭氧等过氧化物,对人的眼睛、鼻和咽喉黏膜等处有较强的刺激作用,可引起结膜炎、鼻炎、支气管炎等症状,并伴有难闻的臭味,严重时可致癌。

3)氮氧化合物(NO_x)

氮氧化合物主要指一氧化氮(NO)和二氧化氮(NO_2)。它由排气管排出。试验证明供给略稀的混合气(混合气空燃比≥15.5)会增大 NO_x 的排放量。汽油机排出的氮氧化合物中,NO 占99%,而柴油机排出的氮氧化合物中 NO_2 比例稍大。高浓度的 NO 会引起人的神经中枢的障碍,并且很容易被氧化成剧毒的 NO_2。NO_2 有特殊的刺激性臭味,严重时会引起肺气肿。

4)浮游微粒(PM)

汽油机中主要微粒有铅化物、硫酸盐和低分子物质;柴油机中主要微粒是石墨形的含碳物质(炭烟)和高分子量有机物(润滑油的氧化和裂解产物)。柴油机的微粒数量比汽油机多30~60倍,成分也比较复杂。特别是炭烟,主要由直径0.1~10.0mm的多孔性炭粒构成。它会被人体吸入肺部沉淀下来,并且往往黏附有 SO_2 及某些致癌物质,严重危害人体健康。

5)二氧化碳(CO_2)

世界工业化进程引起能源大量被消耗,导致大气 CO_2 剧增,其中约30%来自汽车排放物。CO_2 为无色无毒气体,对人体无直接危害,但大气中 CO_2 的大幅度增加,因其对红外热辐射的吸收而形成的温室效应,会使全球气温上升、南北极冰川溶化、海平面上升,大陆腹地沙漠化趋势加剧,人类和动植物赖以生存的生态环境遭到破坏。因此,近年来对 CO_2 的控制已成为研究汽车排放的重要课题。

2. 汽车排放污染物的检测

1)汽油车排放污染物的标准及检测

(1)汽油车排放污染物的检测标准。

依据《轻型汽车污染物排放限值及测量方法(中国第六阶段)》(GB 18352.6—2016)测试方法,将汽车放置在带有负荷和惯量模拟的底盘测功机上,按规定的测试循环、排气取样和分析方法、颗粒物取样和称量方法进行试验。每次检测测得的排气污染物排放量,应不大于表2-9、表2-10中规定的限值。

I 型试验尾气排放极限值(6a)　　表2-9

分类		测试质量(TM)/kg	限值						
			CO (mg/km)	THC (mg/km)	NMHC (mg/km)	NO_x (mg/km)	N_2O (mg/km)	PM (mg/km)	PN[1] (个/km)
第一类车	—	全部	700	100	68	60	20	4.5	$6.0×10^{11}$
第二类车	I	TM≤1305	700	100	68	60	20	4.5	$6.0×10^{11}$
	II	1305≤TM ≤1760	800	130	90	75	25	4.5	$6.0×10^{11}$
	III	1760≤TM	1000	160	108	82	30	4.5	$6.0×10^{11}$

注:[1] 2020年7月1日前,汽油车适用 $6.0×10^{12}$ 个/km 的过度极限值。

I 型试验尾气排放极限值(6b)　　　　　表 2-10

分 类		测试质量 (TM)/kg	限　值						
			CO (mg/km)	THC (mg/km)	NMHC (mg/km)	NO_x (mg/km)	N_2O (mg/km)	PM (mg/km)	PN[(1)] (个/km)
第一类车	—	全部	500	50	35	35	20	3.0	6.0×10^{11}
第二类车	I	TM≤1305	500	50	35	35	20	3.0	6.0×10^{11}
	II	1305≤TM≤1760	630	65	45	45	25	3.0	6.0×10^{11}
	III	1760≤TM	740	80	55	50	30	3.0	6.0×10^{11}

注：[(1)] 2020 年 7 月 1 日前，汽油车适用 6.0×10^{12} 个/km 的过度极限值。

(2)汽油车排放污染物的检测。

①应保证被检测车辆处于制造厂规定的正常状态，发动机进气系统应装有空气滤清器，排气系统应装有排气消声器，并不得有泄漏。

②应在发动机上安装转速计、点火正时仪、冷却液和润滑油测温计等测量仪器。测量时，发动机冷却液和润滑油温度应不低于 80℃，或者达到汽车使用说明书规定的热车状态。

③发动机从怠速状态加速至 70% 额定转速，运转 30s 后降至高怠速状态。将取样探头插入排气管中，深度不少于 400mm，并固定在排气管上。维持 15s 后，由具有平均值功能的仪器读取 30s 内的平均值，或者人工读取 30s 内的最高值和最低值，其平均值即为高怠速污染物测量结果。

④发动机从高怠速降至怠速状态 15s 后，由具有平均值功能的仪器读取 30s 内的平均值，或者人工读取 30s 内的最高值和最低值，其平均值即为怠速污染物测量结果。

⑤若为多排气管时，取各排气管测量结果的算术平均值作为测量结果。

⑥若车辆排气管长度小于测量深度时，应使用排气加长管。

⑦测量工作结束后，把取样探头从排气管里抽出来，让它吸入新鲜空气 5min，待仪器指针回到零点后再关闭电源。

2)柴油车排放污染物的标准及检测

(1)柴油车排放污染物的检验标准。

柴油机尾气污染物主要包括 PM 和 NO_x，CO 和 HC 排放较少。现在一般采用自由加速法和加载减速法对柴油车排放污染物进行检测，全时四驱车辆、紧密型多驱动轴车辆不能进行加载减速法检测，应采用自由加速法检测。

根据《柴油车污染物排放限值及测量方法（自由加速法及加载加速法）》(GB 3847—2018)的规定，对于装配压燃式发动机的车辆，有手动选择行驶模式功能的混合动力电动汽车应切换到最大燃料消耗模式进行测试，如无最大燃料消耗模式，则切换到混合动力模式进行测试，在测试时若发动机自动熄火自动切换到纯电模式，无须中止测试，可进行至测试结束。其检测结果应小于表 2-11 规定的排放限值。

柴油车污染物排放限值   表2-11

类别	自由加速法	加载减速法		林格曼黑度法
	光吸收系数(m^{-1})或不透光度(%)	光吸收系数(m^{-1})或不透光度(%)[a]	氮氧化物[b]($\times 10^{-6}$)	林格曼黑度(级)
限值[a]	1.2(40)	1.2(40)	1500	1
限值[b]	0.7(26)	0.7(26)	900	

注：a. 海拔高度高于1500m的地区加载减速法可以按照每增加1000m增加$0.25m^{-1}$幅度调整，总调整不得超过$0.75m^{-1}$；

b. 2020年7月1日前限值b过渡限值为1200×10^{-6}。

（2）柴油车排放污染物的检测。

①加载减速法。

A. 车辆准备。

a. 仔细检查车辆，确认车辆与车辆行驶证是否相符合。若车辆身份无法确认，不允许参加测试。

b. 彻底检查车辆的状况，如果出现仪表指示、车辆制动、车身结构、发动机系统、变速器、驱动轴和轮胎等异常情况或缺陷，均不能进行检测。

c. 做好检测系统检查，进行试验准备。安装转速传感器，测量发动机曲轴转速。选择合适挡位，确保加速踏板在最大位置时，最高车速接近70km/h，判断测功机是否能吸收被检车辆的最大功率。

B. 检测程序。

a. 车辆安置到位将测功机举放下后对车辆进行低速运行检测，确保车辆处于稳定状态。发动机应充分预热，让机油温度至少到80℃，使车辆的传动部件达到正常工作温度。

b. 发动机熄火，变速器置空挡，将采样探头插入首检车辆的排气管中，采样探头的插入深度不低于400mm。

c. 获取自动检测的初始数据，起动发动机并将变速器置空挡，逐渐加大节气门开度至最大，保持在最大开度状态并记录此时发动机最大转速，然后松开加速踏板回到怠速状态。使用前进挡驱动被检车辆，选择合适挡位使节气门处于全开位置，车速最接近70km/h、但不超过100km/h。

d. 加载检测测试过程完全自动化控制，自动控制系统采集二组检测状态下的检测数据（两组检测数据包括轮边功率、发动机转速、排气光吸收系数k和NO_x）判定排气光吸收系数k和NO_x是否达标，两组数据分别在VelMaxHP点和80% VelMaxHP点获得。

e. 检测开始后应始终将节气门保持在最大开度状态，直到检测系统通知松开加速踏板为止。在试验过程中应实时监控发动机冷却液温度和机油压力。一旦冷却液温度超出了规定的温度范围，或者机油压力偏低，都必须立即暂时停止检测。

f. 检测结束后，打印检测报告并将受检车辆安全驾离底盘测功机。

②自由加速法。

A. 车辆准备。

a. 车辆发动机应充分预热，并且机械状态良好。

b. 可通过发动机机油标尺孔插入油温计，测得的机油温度应至少为80℃。因车辆结构,无法进行温度测量时可以通过其他方法使发动机处于正常运转温度。

c. 车辆的排气系统的相关部件不得存在泄漏。

B. 检测程序。

a. 操作三次自由加速,清扫排气系统中残留的污染物。

b. 按照程序信息提示,向车辆排气管中插入取样探头并有效固定,确保测试过程中取样探头位置不发生变化。探头插入深度不得小于400mm。

c. 确认发动机处于怠速状态(600~1000r/min),然后操作加速踏板,1s内将加速踏板快速、连续地完全踩到底并稳定,使发动机转速达到断油点转速,对使用自动变速器的车辆,应达到发动机额定转速(如果无法达到,不应小于额定转速的2/3)。

d. 对于重型汽车,加速踏板踏到底后与松开加速踏板前的间隔时间应至少为2s,确保松开加速踏板前,发动机达到断油点转速。

e. 松开加速踏板,等待至少10s,确保发动机稳定在怠速状态(600~1000r/min)。

f. 重复第d、e两项操作三次,共进行自由加速测量四次。

g. 记录最后三次自由加速测量结果并计算算术平均值作为测量结果。

第五节 二手电动汽车"三电"系统检测

典型纯电动汽车由电池、驱动电机、电控、底盘、车身和辅助系统等组成,和传统汽车的主要区别体现在电池、驱动电机和电控三大系统。电动二手车技术状况检测时,传统结构部分按照传统二手车技术状况检测的方法进行,电池、驱动电机和电控三大系统按照以下方法进行检测。

一、电池系统检测

一般采用目视方法对电池系统进行外观检查,并确认动力蓄电池系统基本数据(电池厂家、型号、额定电压、额定容量/能量)与原汽车生产厂家数据相一致;评估前需检查车辆充电功能,确保可正常进行交流、直流充电。

采用电脑解码器(整车诊断仪)读取电池系统数据,进行电池系统基本性能检查,无电池系统的电压、温度、绝缘等故障报警。

采用电量评估法测量动力蓄电池系统可充入电量,或者采用容量评估法测量动力蓄电池系统实际容量,并确认电池管理系统功能,实现电池系统评估。

依据车辆使用者出具的经过认定的或者车辆生产厂家、第三方监控平台提供的历史数据,从驾驶行为、充电行为和环境因素等方面进行电池系统辅助评估。

在评估过程中还需考虑电池系统质保年限、质保里程等相关因素。

常用评价方法如下。

1. 外观检查

电池系统外观检查项目见表2-12。

电池系统外观检查项目表   表2-12

序 号	检查项目	A	C
1	电池铭牌与出厂的基本数据一致	是	否
2	无起火痕迹	是	否

续上表

序　号	检查项目	A	C
3	无腐蚀痕迹	是	否
4	无浸水痕迹	是	否
5	电池箱是原厂配件	是	否
6	电池箱固定件无松动、破损	是	否
7	电池冷却系统无渗漏、损坏	是	否
8	电池系统插接件无异常（松动、脱落、变形、腐蚀）	是	否
9	直流充电插座无异常（松动、脱落、变形、腐蚀）	是	否
10	交流充电插座无异常（松动、脱落、变形、腐蚀）	是	否
11	电池高低压线束及防护无破损腐蚀	是	否
12	其他（只描述缺陷，不扣分）	是	否

2. 综合性能评价

综合性能评价包括电池当前电量（容量）状态及历史行为评估两部分，即：性能综合评价值 R = 电量（容量）可用状态 × 历史使用影响因素系数。

（1）电量（容量）可用状态。

电量（容量）可用状态计算公式为：

电量可用状态：$\quad E_S = (E_c - E_{end})/(E_r - E_{end})$

如果 $E_c \geq E_r$ 时 $E_S = 1$，$E_c \leq E_{end}$ 时 $E_S = 0$　　　　(2-3)

容量可用状态：$\quad C_S = (C_c - C_{end})/(C_r - C_{end})$

如果 $C_c \geq C_r$ 时 $C_S = 1$，$C_c \leq C_{end}$ 时 $C_S = 0$　　　　(2-4)

式中：E_S/C_S——电量可以状态/容量可用状态（表2-13）；

$E_c(C_c)$——实际电量（电容）；

$E_r(C_r)$——额定电量（容量）；

$E_{end}(C_{end})$——电池寿命终止电量（容量）。

实际电量（容量）$E_c(C_c)$：实际测试电量（容量）或通过历史数据估算值；

额定电量（容量）$E_r(C_r)$：新车公告的电量（容量）；

电池寿命终止电量（容量）$E_{end}(C_{end})$：达到电池寿命终止的电量（容量），按国家标准或厂家电池质保的电量（容量）。

电量（容量）可用状态评分表　　　　表2-13

序　号	检查项目
13	电量（容量）可用状态（E_S/C_S）

A. 实际电量 E_c 测量方法。

在室温（25℃ ±5℃）下按照以下顺序进行充电测试。

a. 将动力蓄电池系统调整至车辆所能达到的最低 SOC。

b. 将动力蓄电池系统充电至满电状态，记录充入的电量 E。

c. 如采用交流充电时，计算充入实际电量需考虑车载充电机的转换效率，实际电量 E_c 的计算公式为：

$$E_c = E \times 车载充电机的转换效率 \qquad (2-5)$$

式中：E_c——实际电量；
$\qquad E$——充入的电量。

B. 实际容量 C_c 测量方法。

在室温($25℃ \pm 5℃$)下按照以下顺序进行充放电测试。

a. 放电：将动力蓄电池系统调整至车辆所能达到的最低 SOC；或者使用放电设备以 1C 或按照制造商推荐的放电机制至制造商规定的放电截止条件，静置 30min。

b. 充电：使用充电设备以 1C 充电至制造商规定的充电截止条件或按照制造商推荐的充电机制充满电，充电电量为 C_c。

c. 基于历史数据的电量(E_c)、容量(C_c)估算法。

评估机构优选实际测量方法，如果实际测量存在难度，可委托有相关技术能力和资质的第三方机构进行测量或者采用估算方法得到 E_c 或 C_c。评估机构如果采用历史数据进行电量、容量估算时，应取得车辆所有者授权，并在报告上注明数据来源、数据周期、评估方法、估算结果、估算结果置信度等信息。

(2) 历史使用影响因素系数。

历史使用影响因素系数为根据驾驶行为、充电行为和运行环境等因素进行评估所得的比例系数，依据车辆使用者出具的经过认定的电池数据或者车辆生产厂家、第三方监控平台等提供的电池运行数据求得，包括日均使用时间系数(L_1)、次均充电 SOC 系数(L_2)、快慢充比系数(L_3)、运行温度在 $10℃ \sim 45℃$ 的频次占比系数(L_4)。

历史使用影响因素系数最大值为 1。如果不能提供该历史数据，系数应取 0.9。

A. 日均使用时间系数(L_1)，评分表见表 2-14。

日均使用时间 = 车辆每日使用时间的平均值(T_{day})

使用时间因素评分表　　　　　　　　　　　　　　表 2-14

序 号	日均使用时间	$T_{day} < 1h$	$1h \leqslant T_{day} \leqslant 4h$	$T_{day} > 4h$
14	系数(L_1)	0.98	1.0	0.97

B. 次均充电 SOC 系数(L_2)，参比最佳电池放电深度，评分表见表 2-15。

次均充电 SOC = 所有充电结束 SOC 与充电起始 SOC 之差的平均值

次均充电 SOC 评分表　　　　　　　　　　　　　表 2-15

序 号	次均充电 SOC	次均充电 SOC < 70%	次均充电 SOC ≥ 70%
15	系数(L_2)	1.0	0.98

C. 快慢充比系数(L_3)，参比电池最佳充电倍率，评分表见表 2-16。

快慢充比 = 快充次数/慢充次数

快慢充比评分表　　　　　　　　　　　　　　　表 2-16

序 号	快慢充比	快慢充比 < 0.5	0.5 ≤ 快慢充比 < 1	快慢充比 ≥ 1
16	系数(L_3)	1.0	0.98	0.95

D. 运行温度在 $10℃ \sim 45℃$ 的频次占比系数(L_4)，参比电池最佳运行温度，评分表见表 2-17。

运行温度在 $10℃ \sim 45℃$ 的频次占比 = 温度在 $10℃ \sim 45℃$ 的运行时间/总的运行时间

运行温度频次占比评分表 表 2-17

序　号	快慢充比	占比＞60%	40%≤占比＜60%	占比＜40%
17	系数(L_4)	1.0	0.98	0.95

历史运行数据影响因素系数计算公式为：

$$L = L_1 \times L_2 \times L_3 \times L_4 \quad (2-6)$$

式中：L_1——日均使用时间系数；

L_2——次均充电 SOC 系数；

L_3——快慢充比系数；

L_4——运行温度在 10℃~45℃ 的频次占比系数。

(3) 综合性能评价值。

性能综合评价值计算方法为：

$$R = E_S(C_S) \times L \quad (2-7)$$

式中：R——性能综合评价值；

$E_S(C_S)$——电量(容量)可用状态；

L——历史运行数据影响因素系数。

按照表 2-18，根据性能综合评价值 R 对电池系统进行评价。

电池系统综合性能评价值表 表 2-18

序号	性能综合评价值 R	$R<0.1$	$0.1≤R<0.2$	$0.2≤R<0.3$	$0.3≤R<0.4$	$0.4≤R<0.5$	$0.5≤R<0.6$	$0.6≤R<0.7$	$0.7≤R<0.8$	$0.8≤R<0.9$	$R≥0.9$
18	综合性能评价值	0	3	6	8	10	12	14	16	18	20

3. 电池质保评价

电池质保评分计算电池的剩余质保时间比和剩余质保里程比，取二者最小值作为评分依据。

电池质保评分表见表 2-19，评分 A 计算公式为：

$$A = A_S \times 5 \text{（保留 1 位小数）} \quad (2-8)$$

式中：A——电池质保评分；

A_S——T_S 和 D_S 中的较小值。

电池质保评分表 表 2-19

序　号	检 查 项 目
19	电池质保评价 A

电池质保评分系数 A_S：$A_S = \text{Min}(T_S, D_S)$，$A_S$ 取值为 T_S 和 D_S 中的较小值。

剩余质保时间比 T_S：$T_S = (T_{max} - T_c)/T_{max}$；如果 $T_{cw} \geq T_{max}$ 时，$T_S = 0$。

剩余质保里程比 D_S：$D_S = (D_{max} - D_c)/D_{max}$；如果 $D_c \geq D_{max}$ 时，$D_S = 0$。

行驶里程(D_c)：车辆当前的行驶公里数。

电池质保里程(D_{max})：厂家提供电池质保公里数。

电池使用时间(T_c)：车辆注册登记后的累计使用时间。

电池质保时间(T_{max})：厂家提供电池质保时间。

二、驱动电机系统检测

(1)采用目视方法对电机、控制器进行外观检查,并确认电机、控制器基本数据与原车辆生产厂家数据相一致,电机系统外观及高低压连接正常,电机无异响。

(2)采用电脑解码器(整车诊断仪)读取电机系统数据,无电机系统故障报警。

(3)检查评定方法。

按表2-20对电机系统进行外观检查,检查序号20~29共10个项目。

电机及控制器检查项目表　　　　　　　　　　表2-20

序　号	检 查 项 目	A	C
20	铭牌字迹和内容清楚,与出厂的基本数据一致	是	否
21	无起火痕迹	是	否
22	无腐蚀痕迹	是	否
23	无浸水痕迹	是	否
24	电机和控制器表面无碰伤、划痕	是	否
25	电机冷却系统无渗漏、损坏	是	否
26	电机系统插接件无异常(松动、脱落、变形、腐蚀)	是	否
27	电机系统高低压线束及防护无破损腐蚀	是	否
28	驱动电机和控制器安全接地检查合格	是	否
29	其他(只描述缺陷)		

三、电控系统检测

在通电状态检查电控系统和仪表是否有异常,并按照表2-21对电控系统进行逐项检查,优先选用汽车解码器对车辆电控系统技术状况进行检测。

电控及仪表检查项目表　　　　　　　　　　表2-21

序　号	检 查 项 目	A	C
30	车辆可正常上电(中控大屏和仪表点亮)	是	否
31	仪表板指示灯显示正常,无故障报警	是	否
32	各类灯光和调节功能正常	是	否
33	泊车辅助系统工作正常	是	否
34	防抱死制动系统(ABS)及各种扩展功能工作正常	是	否
35	空调系统风量、方向调节、分区控制、自动控制、制冷工作正常	是	否
36	车载摄像头能够正常识别并显示	是	否
37	车载电话/音响系统可连接可工作	是	否
38	车载智能系统(中控大屏)开启正常,无死机/黑屏等故障	是	否
39	驱动电机启动正常(需要使用举升机或将车轮架起)	是	否
40	驱动电机无异响,空挡状态下逐渐增加驱动电机转速,声音过渡无异响(需要使用举升机或将车轮架起)	是	否
41	其他(只描述缺陷)		

习题

1. 简述水泡车的鉴定方法。
2. 简述汽车技术状况静态检查的内容。
3. 简述汽车技术状况动态检查的内容。
4. 电池系统外观检查项目有哪些?
5. 驱动电机系统如何检测?

第三章 二手车价格评估

第一节 二手车成新率计算方法

成新率是反映二手车新旧程度的指标。二手车成新率是表示二手车的功能或使用价值占全新机动车的功能或使用价值的比率,也可解释为二手车的现时状态与机动车全新状态的比率。目前,在二手车的鉴定估价中,常用的成新率的计算方法有使用年限法、行驶里程法、部件鉴定法、整车观测法、综合分析法五种,在实际评估过程中,可根据被评估车辆的客观情况灵活选用不同的成新率计算方法。

一、使用年限法

1. 计算方法

使用年限法是依据汽车报废标准,通过确定被评估二手车的尚可使用年限与规定使用年限的比值来确定二手车成新率的一种方法。根据折旧方法不同,使用年限法计算二手车成新率有两种方法,即等速折旧法和加速折旧法。

1)等速折旧法

采用等速折旧法的二手车成新率计算公式为:

$$C_Y = \frac{Y_g - Y}{Y_g} \times 100\% = \left(1 - \frac{Y}{Y_g}\right) \times 100\% \tag{3-1}$$

式中:C_Y——使用年限法成新率;

Y_g——规定使用年限;

Y——已使用年限。

2)加速折旧法

加速折旧法又分为年份数求和法和双倍余额递减法两种。采用加速折旧法的二手车成新率计算公式如下。

①年份数求和法:

$$C_Y = \left[1 - \frac{2}{Y_g(Y_g+1)} \sum_{n=1}^{Y}(Y_g + 1 - n)\right] \times 100\% \tag{3-2}$$

②双倍余额递减法:

$$C_Y = \left[1 - \frac{2}{Y_g} \sum_{n=1}^{Y}\left(1 - \frac{2}{Y_g}\right)^{n-1}\right] \times 100\% \tag{3-3}$$

汽车按年限折旧一般采取加速折旧的方法,而不采取等速折旧的方法。二手车市场上二手车的市场价格也呈加速折旧的态势;通常来说,25万元以上的汽车采用年份数求和法较好,25万元以下的汽车采用双倍余额递减法较好。

2. 规定使用年限

车辆规定使用年限是指《机动车强制报废标准规定》中对被评估车辆规定的使用年限。各种类型汽车规定使用年限应按商务部、国家发展改革委、公安部、环境保护部于2012年12月共同发布的《机动车强制报废标准规定》执行。各类机动车规定使用年限见表3-1。

机动车使用年限　　　　　　　　　　表3-1

车辆类型与用途				使用年限(年)
载客	营运	出租客运	小、微型	8
			中型	10
			大型	12
		租赁		15
		教练	小型	10
			中型	12
			大型	15
		公交客运		13
		其他	小、微型	10
			中型	15
			大型	15
		专用校车		15
	非营运	小、微型客车、大型轿车		无
		中型客车		20
		大型客车		20
载货		微型		12
		中、轻型		15
		重型		15
		危险品运输		10
		三轮汽车、装用单缸发动机的低速货车		9
		装用多缸发动机的低速货车		12
专项作业		有载货功能		15
		无载货功能		30
挂车		半挂车	集装箱	20
			危险品运输	10
			其他	15
		全挂车		10
摩托车		正三轮		12
		其他		13
轮式专用机械车				无

使用年限法的前提条件为:使用年限法计算成新率的前提条件是车辆在正常使用条件下,按正常使用强度(年平均行驶里程)使用。我国各类汽车年平均行驶里程见表3-2。

我国各类汽车年平均行驶里程表　　　　　　表3-2

汽车类别	年平均行驶里程(万km)	汽车类别	年平均行驶里程(万km)
微型、轻型货车	3~5	租赁车	5~8
中型、重型货车	6~10	旅游车	6~10
私家车	1~3	中、低档长途客运车	8~12
出租汽车	10~15	高档长途客运车	15~25
公务、商务用车	3~6		

3. 计算实例

【例3-1】王先生购置了一辆东风本田轿车,作为上下班代步交通工具。初次登记年月是2016年4月,评估基准日是2021年4月,请分别用等速折旧法、加速折旧法中的年份数求和法与双倍余额递减法计算成新率。

解:该车已使用年限刚好为5年。由于是私家车,虽然使用年限无具体规定,但是参照汽车平均报废年限和相关行业经验,在计算时取其规定使用年限为15年,则成新率为:

(1)等速折旧法。

$$C_Y = \frac{Y_g - Y}{Y_g} \times 100\% = \left(1 - \frac{Y}{Y_g}\right) \times 100\% = \left(1 - \frac{5}{15}\right) \times 100\% = 66.7\%$$

(2)年份数求和法。

$$C_Y = \left[1 - \frac{2}{Y_g(Y_g+1)} \sum_{n=1}^{Y}(Y_g + 1 - n)\right] \times 100\%$$

$$= \left[1 - \frac{2}{15(15+1)} \sum_{n=1}^{Y}(15 + 1 - n)\right] \times 100\%$$

$$= \left\{1 - \frac{2}{15(15+1)}\left[(15+1-1)+(15+1-2)+(15+1-3)+(15+1-4)\right]\right\} \times 100\%$$

$$= 45.8\%$$

(3)双倍余额递减法。

$$C_Y = \left[1 - \frac{2}{Y_g}\sum_{n=1}^{Y}\left(1 - \frac{2}{Y_g}\right)^{n-1}\right] \times 100\%$$

$$= \left[1 - \frac{2}{15}\sum_{n=1}^{Y}\left(1 - \frac{2}{15}\right)^{n-1}\right] \times 100\%$$

$$= \left\{1 - \frac{2}{15}\left[\left(1 - \frac{2}{15}\right)^{1-1} + \left(1 - \frac{2}{15}\right)^{2-1} + \left(1 - \frac{2}{15}\right)^{3-1} + \left(1 - \frac{2}{15}\right)^{4-1} + \left(1 - \frac{2}{15}\right)^{5-1}\right]\right\} \times 100\%$$

$$= 48.9\%$$

【例3-2】成都某租赁公司欲转让一辆比亚迪轿车,该车初次登记日期为2014年3月,评估基准时是 2020 年 3 月。请分别用等速折旧法、年份数求和法和双倍余额递减法计算成新率。

解：该车已使用年限为 6 年。由于是租赁车，其规定使用年限为 15 年，则成新率为：

（1）等速折旧法。

$$C_Y = \frac{Y_g - Y}{Y_g} \times 100\% = \left(1 - \frac{Y}{Y_g}\right) \times 100\% = \left(1 - \frac{6}{15}\right) \times 100\% = 60\%$$

（2）年份数求和法。

$$C_Y = \left[1 - \frac{2}{Y_g(Y_g+1)} \sum_{n=1}^{Y} (Y_g + 1 - n)\right] \times 100\%$$

$$= \left[1 - \frac{2}{15(15+1)} \sum_{n=1}^{Y} (15 + 1 - n)\right] \times 100\%$$

$$= \left\{1 - \frac{2}{15(15+1)}\left[(15+1-1)+(15+1-2)+(15+1-3)+(15+1-4)+(15+1-5)+(15+1-6)\right]\right\} \times 100\%$$

$$= 37.5\%$$

（3）双倍余额递减法。

$$C_Y = \left[1 - \frac{2}{Y_g} \sum_{n=1}^{Y} \left(1 - \frac{2}{Y_g}\right)^{n-1}\right] \times 100\%$$

$$= \left[1 - \frac{2}{15} \sum_{n=1}^{Y} \left(1 - \frac{2}{15}\right)^{n-1}\right] \times 100\%$$

$$= \left\{1 - \frac{2}{15}\left[\left(1-\frac{2}{15}\right)^{1-1} + \left(1-\frac{2}{15}\right)^{2-1} + \left(1-\frac{2}{15}\right)^{3-1} + \left(1-\frac{2}{15}\right)^{4-1} + \left(1-\frac{2}{15}\right)^{5-1} + \left(1-\frac{2}{15}\right)^{6-1}\right]\right\} \times 100\%$$

$$= 42.4\%$$

二、行驶里程法

1. 计算方法

行驶里程法是通过确定被评估二手车的尚可行驶里程与规定行驶里程来确定二手车成新率的一种方法。计算公式为：

$$C_S = \frac{S_g - S}{S_g} \times 100\% = \left(1 - \frac{S}{S_g}\right) \times 100\% \tag{3-4}$$

式中：C_S——行驶里程成新率；

S_g——车辆规定的行驶里程，km；

S——二手车实际累计行驶里程，km；

$S_g - S$——被评估二手车尚可行驶里程，km。

式（3-4）反映了二手车使用强度对其成新率的影响。

2. 规定行驶里程与累计行驶里程

车辆规定行驶里程是指《机动车强制报废标准规定》中建议的该车型的行驶里程。各种类型汽车规定行驶里程应按 2012 年出台的《机动车强制报废标准规定》执行。各类汽车规定行驶里程见表 3-3。

各类汽车行驶里程参考值　　　表 3-3

车辆类型与用途				行驶里程参考（万 km）
载客	营运	出租客运	小、微型	60
			中型	50
			大型	60
		租赁		60
		教练	小型	50
			中型	50
			大型	60
		公交客运		40
		其他	小、微型	60
			中型	50
			大型	80
		专用校车		40
	非营运	小、微型客车、大型轿车		60
		中型客车		50
		大型客车		60
载货		微型		50
		中、轻型		60
		重型		70
		危险品运输		40
		三轮汽车、装用单缸发动机的低速货车		无
		装用多缸发动机的低速货车		30
专项作业		有载货功能		50
		无载货功能		50
轮式专用机械车				50

行驶里程更真实地反映了二手车使用强度及使用过程中实际的物理损耗。它反映了二手车使用强度对其成新率的影响，总的行驶里程越大，车辆的实际有形损耗也越大。

二手车累计行驶里程是指被评估二手车从登机注册开始使用到评估基准时所行驶的总里程数。

3. 前提条件

行驶里程法计算成新率的前提是车辆里程表的记录必须是原始的，不能被人为地更改或更换。由于车辆里程表容易被人为变更，因此，在实际的评估过程中，较少直接采用此方法进行车辆评估。

三、部件鉴定法和整车观测法

在实际操作中部件鉴定法和整车观测法都属于技术鉴定法。技术鉴定是指评估人员在对二手车辆进行技术观察和技术检测的基础上,判定二手车的技术状况,再用评分的方法或分等级的方法来确定成新率的方法。

1. 部件鉴定法

1)计算方法

部件鉴定法(技术鉴定法)是指评估人员在确定二手车各组成部分技术状况的基础上,按其各组成部分对整车的重要性和价值量的大小加权评分,最后累计确定成新率的一种方法。其计算公式为:

$$C_B = \sum_{i=1}^{n}(c_i \times \beta_i) \quad (3\text{-}5)$$

式中:C_B——部件鉴定法成新率;

c_i——第i项部件的成新率;

β_i——第i项部件的价值权重。

2)计算基本步骤

部件鉴定法的基本步骤为:

(1)将车辆按总成分成若干个主要部分,根据各部分的制造成本占车辆制造成本的比例,一定百分比例确定权重$\beta_i(i=1,2,3,\cdots,n)$,汽车各部分的价值权重参考表3-4。

(2)以全新车辆为参照物,技术状况与全新车辆相同,成新率为100%,功能完全丧失,成新率为0,再根据被评估车辆各相应总成的技术和功能估算出其成新率$c_i(i=1,2,3,\cdots,n)$。

(3)将各总成估算出的成新率与权重相乘,即得出各部分的加权成新率$c_i \times \beta_i(i=1,2,3,\cdots,n)$。

(4)最后,以各部分的加权成新率求和,即得出二手车的成新率。

机动车总成、部件价值权值参考分配表 表3-4

序号	总成部分名称	价值权重(%)		
		轿车	客车	货车
1	发动机及离合器总成	26	27	25
2	变速器及传动轴总成	11	10	15
3	前桥、前悬架及转向器总成	10	10	15
4	后桥、后悬架总成	8	10	15
5	制动系统	6	6	5
6	车架总成	2	5	6
7	车身总成	26	22	9
8	电气仪表系统	7	6	5
9	轮胎	4	4	5
	合计	100	100	100

在实际评估时,应根据被评估车辆各部分价值量占整车价值量的比例,调整各部分的权重,表 3-4 仅供评估人员参考。

3)适用范围

此方法既考虑了车辆实体性损耗,也考虑了维修换件可能会增大车辆的价值,可信度高,但计算加权成新率比较费时费力,各部分权重之间关系复杂。此方法多用于价值较高的机动车辆评估。

2. 整车观测法

整车观测法是指评估人员采用人工观察的方法,辅助简单的仪器检测,判定被评估二手车的技术等级以确定成新率的一种方法。整车观测法观察和检测的技术指标主要包括:二手车的现时技术状态、使用年限及行驶里程、大修情况、整车外观和完整性等。二手车技术状况的分级可参考表 3-5。

参考表 3-5 中的数据为一般车辆成新率判定的经验数据,仅供评估人员参考。在运用整车观察法确定二手车成新率时简单易行,但没有部件鉴定法客观、准确,主要原因在于整车观测法多建立在评估人员的主观判断上,受评估人员的经验和技术水平的影响较大。一般用于中、低价值二手车的估算或作为综合分析法鉴定估价要考虑的主要因素之一。

二手车成新率评估参考表   表 3-5

车况等级	新旧情况	有形损耗率(%)	技术状况描述	成新率(%)
1	使用不久	0~10	刚使用不久,行驶里程一般 3 万~5 万 km,在用状态良好,能按设计要求正常使用	100~90
2	较新车	11~35	使用 1 年以上,行驶 15 万 km 左右,一般没有经过大修,在用状态良好,故障率低,可随时出车使用	89~65
3	旧车	36~60	使用 4~5 年,发动机或整车经过二次大修,大修较好地恢复设计性能,在用状态良好,外观中度受损,恢复情况良好	64~40
4	老旧车	61~85	使用 5~8 年,发动机或整车经过二次大修,动力性能、经济性能、工作可靠性能都有所下降,外观油漆脱落受损、金属体锈蚀明显;故障率上升,维修费用、使用费用明显上升,但车辆符合《机动车安全技术条件》,在用状态一般或较差	39~15
5	待报废处理车	86~100	基本到达或到达使用年限,通过《机动车安全技术条件》检查,能使用但不能正常使用,动力性、经济性、可靠性下降,燃料费、维修费、大修费用增长速度快,车辆收益与支出基本持平,排放污染和噪声污染到达极限	15 以下

四、综合分析法

1. 计算方法

综合分析法是以使用年限法为基础,再综合考虑到影响二手车价值的多种因素,以系数调整确定成新率的一种方法,其计算公式为:

$$C_F = C_Y \times K \times 100\% \tag{3-6}$$

式中:C_F——综合成新率;

C_Y——使用年限成新率;

K——综合调整系数。

2. 综合调整系数

二手车的实际技术状况、维护情况、原车制造质量、二手车用途及使用条件是影响二手车成新率的五个主要因素。根据被评估车辆是否需要进行项目修理或换件维修,综合调整系数有两种方法确定:一是若二手车无须进行项目修理或换件的,可采用表3-6推荐的综合调整系数,用加权平均的方法进行微调;二是二手车需要进行项目修理或换件的,或需进行大修的,综合考虑表3-6列出的影响因素,可采用"一揽子"评估方法确定一个综合调整系数。

二手车成新率综合调整系数参考表　　表3-6

序号	影响因素	因素分级	调整系数	权重(%)
1	技术状况	好	1.0	30
		较好	0.9	
		一般	0.8	
		较差	0.7	
		差	0.6	
2	维护状态	好	1.0	25
		较好	0.9	
		一般	0.8	
		差	0.7	
3	制造质量	进口车	1.0	20
		国产名牌车	0.9	
		国产非名牌车	0.8	
4	车辆用途	私用	1.0	15
		公务、商务	0.9	
		营运	0.8	
5	工作条件	好	1.0	10
		一般	0.9	
		差	0.8	

综合调整系数计算公式为：

$$K = K_1 \times 30\% + K_2 \times 25\% + K_3 \times 20\% + K_4 \times 15\% + K_5 \times 10\% \quad (3-7)$$

式中：K_1——二手车技术状况调整系数；

K_2——二手车维护状态调整系数；

K_3——二手车制造质量调整系数；

K_4——二手车车辆用途调整系数；

K_5——二手车工作条件调整系数。

3. 调整系数选取

（1）二手车技术状况调整系数K_1。二手车技术状况系数是在对车辆技术状况鉴定的基础上对车辆进行的分级，然后取合适的调整系数来修正车辆的成新率，技术状况系数取值范围为 0.6~1.0，技术状况好的车辆取上限，反之取下限。

（2）二手车维护状态调整系数K_2。它是反映使用者对车辆使用、维护的水平。不同的使用者，对车辆使用、维护的实际执行情况差别较大，因而直接影响到车辆的使用寿命和成新率，使用和维护状态系数取值范围为 0.7~1.0，维护好的车辆取上限，反之取下限。

（3）二手车制造质量调整系数K_3。在确定制造质量调整系数时，应了解车辆是国产还是进口，以及进口国家，国产的应了解是名牌产品还是一般产品。一般来说，国家正规手续进口的车辆质量优于国产车辆，名牌产品优于一般产品，但又有较多例外，故在确定此系数时应较慎重。对依法没收领取牌证的走私车辆，其原始制造质量系数建议视同国产名牌产品考虑。原始制造质量系数取值范围为 0.8~1.0。

（4）二手车车辆用途调整系数K_4。车辆的用途不同，其繁忙程度不同，使用强度亦不同。把车辆按工作性质分为私人工作和生活用车，机关企事业单位的公务和商务用车，从事旅客、货运、城市出租的营运用车。以普通轿车为例，一般来说，私人工作和生活用车每年最多行驶约 2.5 万 km；公务、商务用车每年不超过 4 万 km；而营运出租汽车每年行驶有些高达 12 万 km。可见工作性质不同，其使用强度差异之大，车辆工作性质系数取值范围为 0.7~1.0。对于使用强度小的车辆取上限，反之取下限。

（5）二手车工作条件调整系数K_5。我国地域辽阔，各地自然条件差别很大，车辆的工作条件对其成新率影响很大。把工作条件分道路条件和特殊使用条件。

①特殊使用条件。特殊使用条件主要指特殊自然条件，包括寒冷、沿海、风沙等地区。

②道路条件。道路使用条件可分为好路、中等路和差路三类。好路是指国家道路等级中的高速公路、一、二、三级道路，好路率在 50% 以上；中等路是指符合国家道路等级的四级道路，好路率在 30%~50%；差路是指国家等级以外的路，好路率在 30% 以下。

车辆长期在好路和中等路上行驶时，工作条件系数分别取 0.9~1；车辆长期在差路或特殊使用条件下工作，其系数取 0.8。一般综合调整系数取值不要超过 1。

4. 适用范围

综合分析法用综合调整系数指标来调整二手车成新率，并较为详细地考虑了影响二手车价值的各种因素，评估值准确度较高，因此，较适用于中等价值的二手车评估。目前是最为常用的评估方法之一。

5. 计算实例

【例3-3】张先生 2016 年购置了一辆北京现代轿车作为个人使用，于 2020 年 5 月，在某省二手车交易市场交易,评估人员检查发现,该车发动机排量1.5L,初次登记为2016年11月,基本作为个人市内交通工具使用,累计行驶里程7万多公里,维护一般,路试车况较好。请用综合分析法,计算成新率。其综合调整系数采用加权平均的方法确定,计算综合评估值。

解:已使用年限:3年6个月 = 42个月,即 $Y = 42$

规定使用年限:$Y_g = 15$ 年,即180个月,则 $Y_g = 180$;

该车路试车况好,取车辆技术状况系数为:$K_1 = 1.0$;

维护一般,取车辆使用与维护状态系数为:$K_2 = 0.9$;

北京现代轿车为国产名牌车,取车辆制造质量系数为:$K_3 = 0.9$;

该车为私人用车,则取车辆工作性质系数为:$K_4 = 1.0$;

该车为个人市内交通使用,取车辆工作条件系数为:$K_5 = 0.9$;

则综合调整系数为:

$$K = K_1 \times 30\% + K_2 \times 25\% + K_3 \times 20\% + K_4 \times 15\% + K_5 \times 10\%$$
$$= 1.0 \times 30\% + 0.9 \times 25\% + 0.9 \times 20\% + 1.0 \times 15\% + 0.9 \times 10\%$$
$$= 94.5\%$$

该车的成新率为:

$$C_F = C_Y \times K \times 100\% = \left(1 - \frac{Y}{Y_g}\right) \times 94.5\% \times 100\% = 72.45\%$$

五、综合成新率法

1. 计算方法

综合成新率是采用定性和定量分析的方法,综合多种单一因素对二手车成新率的计算结果,并分别赋予不同的权重,计算加权平均成新率。采用综合成新率来反映二手车的新旧程度,可以尽量减小使用单一因素成新率计算给评估结果所带来的误差,是一种较为科学的方法。

下面具体介绍以综合使用年限法、行驶里程法、技术鉴定法和整车观测法来估算二手车成新率的方法,综合成新率法的计算公式为:

$$C_Z = C_1 \cdot \alpha_1 + C_2 \cdot \alpha_2 \tag{3-8}$$

式中:C_Z——综合成新率;

C_1——车辆理论成新率;

C_2——车辆现场查勘成新率;

α_1、α_2——权重系数(根据被评估二手车的实际情况而定),$\alpha_1 + \alpha_2 = 1$。

2. 车辆理论成新率 C_1

车辆理论成新率是一种二手车成新率的定量计算,其结果一般不能人为改变。包括使用年限法和行驶里程法计算的成新率,是根据二手车实际使用的时间和行驶里程计算得到的。计算公式为:

$$C_1 = C_Y \times 50\% + C_S \times 50\% \tag{3-9}$$

式中：C_Y——使用年限成新率；
C_S——行驶里程成新率。

3. 车辆现场查勘成新率 C_2

二手车现场查勘成新率是一个定性与定量相结合的结果，是由评估人员根据现场查勘情况而确定的一个综合评价值。

二手车技术状况现场查勘的具体步骤是：

(1) 发动机工作状况。主要包括动力状况、有无更换部件和修复现象、是否有泄漏现象等。

(2) 底盘。主要包括是否有变形、是否有异响、前后桥状况是否正常、是否有漏油现象、转向系统情况是否正常和制动系统是否工作正常等。

(3) 车身。主要包括车身是否被碰撞过，车灯是否齐全、前后保险杠是否完整，车身颜色、光泽、锈蚀等情况。

(4) 电器系统。主要包括发动机点火系统是否工作正常、电源系统是否工作正常、空调及音响系统是否工作正常等。

(5) 内饰。主要包括内饰的颜色、清洁程度、仪表及座位是否完整和其他有关装饰情况等。

被评估二手车理论成新率和现场查勘成新率的权重分配、使用年限成新率和行驶里程成新率的权重分配，要根据被评估二手车类型、使用状况、维修状况等综合考虑，科学、合理地确定权重分配，这与二手车鉴定评估人员的专业判断能力和实践工作经验有很大的关系，需要在实践中不断地学习和总结，以使评估结果更为准确。

第二节 二手车评估方法

二手车评估以机动车的技术状况鉴定为基础、资产评估理论为依据，根据不同的评估目的、价值标准和业务条件，按照国家规定的收益现值法、重置成本法、现行市价法和清算价格法四种方法进行。

在二手车收购环节中，除可根据重置成本法、现行市价法和清算价格法的思想方法简单确定收购价格外，还可利用折旧法科学评估计算拟收购二手车的价格。

一、重置成本法评估二手车

重置成本法是指在现时市场条件下重新购置一辆全新状态的被评估车辆所需的全部成本（即完全重置成本，简称重置全价），减去该被评估车辆的各种陈旧贬值后的差额作为被评估车辆现时价格的一种评估方法。

1. 重置成本法理论依据

在市场经济条件下，任何一个理性的购买者在购买某项资产时，所愿意支付的价格，都不会超过与被评估对象具有同等效用的全新资产的最低成本，这就是重置成本法的理论依据。

重置成本是购买一辆全新的与被评估车辆相同的车辆所支付的最低金额。按重新购置车辆所用的材料、技术的不同，可把重置成本分为复原重置成本（简称复原成本）和更新重置成本(简称更新成本)。复原成本指用与被评估车辆相同的材料、制造标准、设计结构和技术条件等,以现时价格复原购置相同的全新车辆所需的全部成本。更新成本指利用新型材料,新技术标准、新设计等,以现时价格购置相同或相似功能的全新车辆所支付的全部成本。一般情况下,在进行重置成本计算时,如果同时可以取得复原成本和更新成本,应选用更新成本;如果不存在更新成本,则再考虑选用复原成本。

2. 车辆贬值

1) 实体性贬值

实体性贬值也称有形损耗,是指机动车在存放和使用过程中,由于物理和化学原因而导致的车辆实体发生的价值损耗,即由于自然力的作用而发生的损耗。二手车一般都不是全新状态的,因而大都存在实体性贬值。确定实体性贬值,要依据新旧程度,包括表体及内部构件、部件的损耗程度。假如用损耗率来衡量,一辆全新的车辆,其实体性贬值为百分之零;而一辆完全报废的车辆,其实体性贬值为百分之百;处于其他状态下的车辆,其实体性贬值率则位于这两个数字之间。

2) 功能性贬值

功能性贬值是由于科学技术的发展而导致的车辆贬值,即无形损耗。这类贬值又可细分为一次性功能贬值和营运性功能贬值。

一次性功能贬值是由于技术进步引起劳动生产率的提高。现在再生产制造与原功能相同车辆的社会必要劳动时间减少,成本降低而造成原车辆的价值贬值。具体表现为原车辆价值中有一个超额投资成本将不被社会承认。

营运性功能贬值是由于技术进步,出现了新的、性能更优的车辆,致使原有车辆的功能相对新车型已经落后而引起其价值贬值。具体表现为原有车辆在完成相同工作任务的前提下,在燃料、人力、配件材料等方面的消耗增加,形成了一部分超额运营成本。

3) 经济性贬值

经济性贬值是指由于外部经济环境变化所造成的车辆贬值。所谓外部经济环境,包括宏观经济政策、市场需求、通货膨胀、环境保护等。经济性贬值是由于外部环境而不是车辆本身所引起的。

3. 重置成本法计算

重置成本法的基本计算公式可表述为:

被评估车辆的评估值 = 重置成本 − 实体性贬值 − 功能性贬值 − 经济性贬值

或:

$$被评估车辆的评估值 = 重置成本 \times 成新率$$

以上两种计算模型中,前式综合考虑了二手车的现行市场价格和各种影响二手车价值量变化的因素,可信度更高。但是,这些影响因素较多且有一定的不确定性,所以在一定程度上影响了评估值的准确性。后式则以成新率综合考虑了各种贬值对二手车价值的影响,是一种定性和定量相结合的评估方法,是目前市场上应用最广的一种评估方法。其计算公式为:

$$P = B \times C \tag{3-10}$$

式中:P——被评估车辆的评估值,元;

B——被评估车辆的现时重置成本,元;

C——被评估车辆的现时成新率。

重置成本的计算在汽车评估中方法很多,对于二手车评估定价一般采用如下两种方法。

1) 重置核算法

重置核算法又称直接法或细节分析法,以现行市价核算被评估车辆重置成本,也就是将车辆按成本构成分成若干组成部分,先确定各组成部分的现时价格,然后相加得出待评估车辆的重置全价。计算公式为:

$$重置成本 = 直接成本 + 间接成本$$

直接成本是指直接可以构成车辆成本的支出部分。具体来说是按现行市价的买价,加上运输费、购置附加费、消费税、人工费等。间接成本是指购置车辆发生的上户费、保险费、专项贷款发生的利息等。

在二手车评估中以直接法取得的重置成本,无论是国产车还是进口车辆,尽可能采用国内现行市场销售价格作为车辆评估的重置成本全价,市场销售价可以通过市场信息资料(如报纸、专业杂志、网上报价)和车辆制造商、经销商询价取得。

二手车重置成本全价的构成一般分下述两种情况考虑:

(1)属于所有权转让的经济行为,可按被评估车辆的现行市场价格作为被评估车辆的重置全价,其他费用略去不计。

(2)属于企业产权变动的经济行为(如企业合资、合作联营、企业分设、合并和兼并等),其重置成本构成除了考虑被评估车辆的现行市场价格外,还应考虑国家和地方政府对车辆加收的其他税费(如车辆购置税、车船使用税、保险、上户费用等)一并计入重置成本全价。

2) 价格指数法

价格指数法也可称为物价指数法或物价指数调整法,是在原始成本基础上,通过现时物价指数确定其重置成本,在二手车评估中可以选用汽车市场价格指数。计算公式为:

$$车辆重置成本 = 车辆原始成本 \times \frac{车辆评估时价格指数}{车辆购买时价格指数}$$

或:

$$车辆重置成本 = 车辆原始成本 \times (1 + 价格变动指数)$$

在二手车评估中用物价指数法时注意的问题是:

(1)一定要先检查被评估车辆的账面购买原价。如果购买原价不准确,则不能用物价指数法。

(2)用物价指数法算出的值就是被评估车辆的重置成本值。

(3)运用物价指数法时,现在选用的指数往往与评估对象规定的评估基准日之间有一段时间差。这一段时间差内的价格指数可由评估人员依据近期内的指数变化趋势结合市场情况确定。

(4)物价指数法要尽可能选用有法律依据的国家统计部门或物价管理部门以及政府机关发布和提供的数据。有的可取自权威性的国家政策部门所辖单位提供的数据,绝不能选用无依据、不明来源的数据。

4. 重置成本法优缺点

采用重置成本法的优点:

(1)比较充分地考虑了车辆的损耗,评估结果更趋于公平合理。

(2)有利于二手车辆的评估。

(3)在不易计算车辆未来收益或难以取得市场(二手车交易市场)参照物条件下可广泛应用。
运用重置成本法的缺点是工作量较大,且经济性贬值不易准确计算。

5. 评估实例

【例3-4】2015年8月,李先生购置了一辆大众捷达轿车,作为上下班代步用,购买价格为97800元,初次登记日期是2015年9月,于2019年12月进入二手车交易市场估价交易。现场查勘,车身外观较好,发动机运转平稳,无异常响声,制动系统良好。该车行驶里程为10万km,在评估时,该车的现行市场销售价格为79800元,其他税费不计,试使用年限法评估该车的现时市场价值。

解:根据题意可知:

① 初次登记日期2015年9月,评估基准日2019年12月,已使用年限:$Y = 51$ 个月;
② 该车为轿车,规定使用年限为15年,即:$Y_g = 180$ 个月;
③ 该车的现时重置成本为:$B = 79800$ 元;
④ 该车的年限成新率为:$C_Y = \left(1 - \dfrac{Y}{Y_g}\right) \times 100\% = \left(1 - \dfrac{51}{180}\right) \times 100\% = 71.67\%$;
⑤ 评估值:$P = B \times C = 79800 \times 71.67\% = 57192$ 元。

【例3-5】刘女士于2016年3月购置一辆国产奔驰轿车,作为家庭用车。于2021年3月到某奔驰专卖店进行二手车置换业务,行驶里程为9.5万km,已知与该车类似的奔驰新车市场价格为42.8万元。经评估人员现场查勘,该车技术状况较好,使用维护状态较好,主要是在市内行驶。试用重置成本—综合分析法评估该车的价值。

解:根据题意,

① 评估价值采用重置成本—综合分析法,计算公式为:
$$P = B \times C_F = B \times \left(1 - \dfrac{Y}{Y_g}\right) \times K \times 100\%$$
② 初次登记日期为:2016年3月,评估基准日为:2021年3月,则:$Y = 60$ 个月;
③ 该车为轿车,规定使用年限为15年,即:$Y_g = 180$ 个月;
④ 该车的现时重置成本为:$B = 428000$ 元;
⑤ 综合调整系数K的确定:
技术状况较好,车辆技术状况调整系数$K_1 = 0.9$;
使用维护状态好,维护状态调整系数$K_2 = 0.9$;
该车为国产名牌车辆,制造质量调整系数$K_3 = 0.9$;
该车为私人用车,车辆用途调整系数$K_4 = 1.0$;
该车主要在市内行驶,工作条件调整系数为$K_5 = 1.0$;
综合调整系数为:
$K = K_1 \times 30\% + K_2 \times 25\% + K_3 \times 20\% + K_4 \times 15\% + K_5 \times 10\%$
$= 0.9 \times 30\% + 0.9 \times 25\% + 0.9 \times 20\% + 1.0 \times 15\% + 1.0 \times 10\%$
$= 92.5\%$
⑥ 计算成新率C_F:
$$C_F = \left(1 - \dfrac{Y}{Y_g}\right) \times K \times 100\% = \left(1 - \dfrac{60}{180}\right) \times 92.5\% \times 100\% = 61.67\%$$
⑦ 计算评估值P:

$$P = B \times C_F = 428000 \times 61.67\% = 263948 \text{ 元}$$

二、收益现值法评估二手车

1. 收益现值法原理

收益现值法是将被评估的车辆在剩余寿命期内预期收益用适用的折现率折现为评估基准日的现值,并以此确定评估价格的一种方法。

采用收益现值法对二手车辆进行评估所确定的价格,是指为获得该机动车辆以取得预期收益的权利所支付的货币总额。

收益现值法是基于人们之所以占有某车辆,主要是考虑这辆车能为自己带来一定收益的假设。任何一个理性的投资者在决定投资购买二手车时,他所愿意支付的货币金额不会高于评估时求得的该车未来预期收益的折现值。在机动车的交易中,人们购买的目的往往不是在于车辆本身,而是车辆获利的能力。因此,该方法较适用于投资营运的车辆。

2. 收益现值法计算

收益现值法评估值的计算,实际上就是对被评估车辆未来预期收益进行折现的过程。被评估车辆的评估值等于剩余寿命期内各期的收益现值之和,其基本计算公式为:

$$P = \sum_{t=1}^{n} \frac{A_t}{(1+i)^t} = \frac{A_1}{(1+i)^1} + \frac{A_2}{(1+i)^2} + \cdots + \frac{A_n}{(1+i)^n} \tag{3-11}$$

式中:P——评估值,元;

A_t——未来第 t 个收益期的预期收益额,元;

n——收益年期(二手车剩余使用年限);

i——折现率;

t——收益期,一般以年计。

当 $A_1 = A_2 = \cdots = A_n = A$ 时,即 t 从 $1 \sim n$ 未来收益分别相同为 A 时,则有:

$$P = \sum_{t=1}^{n} \frac{A_t}{(1+i)^t} = A \left[\frac{1}{(1+i)^1} + \frac{1}{(1+i)^2} + \cdots + \frac{1}{(1+i)^n} \right] = A \frac{(1+i)^n - 1}{i(1+i)^n}$$

式中:$\frac{1}{(1+i)^t}$——第 t 个收益期的现值系数;

$\frac{(1+i)^n - 1}{i(1+i)^n}$——年金现值系数。

3. 收益现值法各评估参数的确定

1)收益年期 n 的确定

收益年期指从评估基准日到车辆到达报废所剩余的年限。对于各类汽车来说,该参数按《机动车强制报废标准规定》确定是很方便的。如果收益年期估计过长,就会高估车辆价格;反之,则会低估价格。因此,必须根据车辆的实际状况对剩余寿命作出正确的评定。

2)预期收益额 A_t 的确定

收益现值法运用中,预期收益额的确定是关键。预期收益额是指由被评估对象在使用过程中,可能带来的年纯收益额。对于预期收益额的确定应注意两点:

(1)无论对于所有者还是购买者,判断某车辆是否有价值,应判断该车辆是否会带来收益。对其收益的判断,不仅仅是看现在的收益能力,更重要的是预测未来的收益能力。

(2) 收益额的构成。以企业为例,目前对收益额构成有几种观点:第一,企业所得税后利润;第二,企业得税后利润与提取折旧额之和扣除投资额;第三,利润总额。

关于选择哪一种作为收益额,针对二手车的评估特点与评估目的,为估算方便,推荐选择第一种观点,目的是能够准确反映预期收益额。

3) 折现率 i 的确定

从折现率本身来说,它是一种特定条件下的收益率,说明车辆取得该项收益的收益率水平。折现率是指将未来预期收益额折算成现值的比率。折现率包含无风险利率和风险报酬率两部分,即:

$$折现率\ i = 无风险利率 + 风险报酬率$$

无风险利率是指资产在一般条件下的获利水平,风险报酬率则是指冒风险取得报酬与车辆投资中为承担风险所付代价的比率。由于每个行业、每个企业都有具体的资金收益率,因此在利用收益法对二手车评估,选择折现率时,应该进行本企业、本行业历年收益率指标的对比分析。但是,最后选择的折现率应该起码不低于国家债券或银行存款的利率。

4. 收益现值法优缺点

收益现值法优点:(1)与投资决策相结合,容易被交易双方接受;(2)能较真实和较准确地反映车辆本金化的价格。

收益现值法缺点:(1)预期收益额预测难度较大;(2)受较强的主观判断和未来不可预见因素的影响。

5. 评估实例

【例3-6】某企业预将一辆19座客车转让,在二手车交易市场,李先生准备将该车用作载客营运车辆。按《机动车强制报废标准规定》规定,该车辆剩余年限为3年,适用的折现率为8%,经预测得出3年内各年预期收益的数据分别为30000元、24000元、21000元,试用收益现值法评估该车辆目前的价格。

解:根据题意可知

$$P = \sum_{t=1}^{n} \frac{A_t}{(1+i)^t} = \frac{A_1}{(1+i)^1} + \frac{A_2}{(1+i)^2} + \cdots + \frac{A_n}{(1+i)^n}$$

$$= \frac{30000}{(1+8\%)^1} + \frac{24000}{(1+8\%)^2} + \frac{21000}{(1+8\%)^3}$$

$$= 27778 + 20576 + 16670 = 65024(元)$$

6. 收益现值法优缺点

收益现值法优点:

(1) 与投资决策相结合,容易被交易双方接受;

(2) 能较真实和较准确地反映车辆本金化的价格。

三、现行市价法评估二手车

现行市价法又称市场法、市场价格比较法,是指通过比较被评估车辆与最近售出类似车辆的异同,并将类似车辆的市场价格进行调整,从而确定被评估车辆价值的一种评估方法。现行市价法是最直接、最简单的一种评估方法。其基本思路是:通过市场调查,选择一辆或几辆与被评估车辆相同或类似的车辆作为参照物,分析参照物的构造、功能、性能、新旧程度、地区差别、交易条件及成交价格等,并与评估车辆对照比较,找出两者的差别及差别所反映在价格上的差额,经过调整,计算出被评估对象的价格。

1. 现行市价法评估应用的前提条件

(1)需要有一个充分发育、活跃的二手车交易市场,即要有二手车交易的公开市场。在这个市场上有众多的卖者和买者,有充分的参照物可取,交易充分平等,这样可以排除交易的偶然性和特殊性。汽车在汽车交易市场上交易越频繁,与被评估相类似的车辆价格越容易获得。因此,市场成交的二手车价格可以准确反映市场行情,评估结果更公平公正,双方都易接受。

(2)参照物与被评估车辆有可比较的指标,且技术参数等资料是可收集到的,并且价值影响因素明确,可以量化。

在运用现行市价法评估二手车时,关键是要能够找到与被评估车辆相同或相类似的参照车辆,并且参照车辆是近期的,可比较的。近期是指参照车辆交易时间与车辆评估基准日时间相近,一般在一个季度之内。可比较是指车辆在规格、型号、功能、性能、内部结构、新旧程度及交易条件等方面不相上下。

2. 现行市价法评估步骤

现行市价法评估的步骤如图3-1所示。

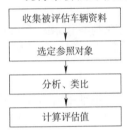

图3-1 现行市场评估流程图

(1)收集被评估车辆资料。

收集评估对象的资料,主要包括车辆的类别名称、型号和性能、生产厂家及出厂年月、车辆目前使用情况、实际技术状况以及剩余使用年限等相关资料。

(2)选定参照对象。

所选定的类比车辆必须具有可比性,可比性因素包括:

①车辆型号、车辆制造厂家。

②车辆地域。不同地区的交易市场,同样车辆的价格有较大的差别。

③车辆使用性质。是私用、公务、商务车辆,还是营运车辆。

④车辆使用年限,行驶里程数。

⑤车辆实际技术状况。

⑥交易动机和目的。不同情况交易,往往有较大的差别;车辆出售是以清偿为目的或是以转让为目的;买方是获利转手倒卖或是购置自用。

⑦市场状况。市场处于衰退萧条或是复苏繁荣,交易量如何,新车价格趋势如何,目前该车型的市场保有量如何等。

⑧成交数量。单辆交易与成批交易的价格会有一定差别。

⑨成交时间。应采用近期成交的车辆作为参照的类比对象。由于市场随时间的变化而变化,会引起车辆市场价格的波动。

(3)分析、类比。

对待评估的车辆与选定的类比对象进行认真的分析类比,尽可能地予以量化、调整。

(4)计算评估值。

3. 具体计算方法

现行市价法评估确定单辆二手车价值的方法有直接法和类比法。

(1)直接法。直接法是指在市场上能找到与被评估车辆完全相同车辆的现行市价,并依其价格直接作为被评估车辆评估价格的一种方法。

完全相同是指车辆型号相同,使用条件和技术状况相同,生产和交易时间相近,寻找同型号的车辆有时是比较困难的。鉴于此,通常情况下,如果参照车辆与被评估车辆类别相同、主参数相同、结构性能相同,只是生产序号不同并只作局部改动,交易时间相近的车辆,可作为直接评估过程中的参照物,即认为是完全相同。

(2)类比法。类比法是指评估车辆时,在公开市场上找不到与之完全相同的车辆,但在公开市场上能找到与之相类似的车辆,以此为参照物,并依其价格再做相应的差异调整,从而确定被评估车辆价格的一种方法。

所选参照物与评估基准日在时间上越近越好,实在无近期的参照物,也可以选择远期的参照物,再作日期修正。其基本计算公式为:

评估价格 = 市场交易参照物价格 + $\sum$ 评估对象比交易参照物优异的价格差额 − $\sum$ 交易参照物比评估对象优异的价格差额

或:评估价格 = 参照物价格 × (1 ± 调整系数)

现行市价法评估的关键是全面了解市场情况,对现行市场掌握的情况越多,评估的准确度越高。

4. 采用现行市价法优缺点

1)现行市价法优点

(1)能够客观反映二手车辆目前的市场情况,其评估的参数、指标能反映市场现实价格。

(2)评估结果易于被各方面理解和接受。

2)现行市价法缺点

(1)需要公开及活跃的市场作为基础。然而我国二手车市场还发育不完全,不完善,寻找参照物有一定的困难。

(2)可比因素多而复杂,即使是同一个生产厂家生产的同一型号的产品,同一天登记,由于被不同的车主使用,其使用强度、使用条件、维护水平等多种因素不同,其实体损耗、新旧程度都各不相同,从而造成二手车评估价值有所不同。

四、清算价格法评估二手车

1. 清算价格法基本原理

清算价格法是指以清算价格为标准,对二手车辆进行的价格评估。清算价格是指企业由于破产或其他原因,要求在一定的期限内将车辆变现。

清算价格法在原理上基本与现行市价法相同,所不同的是迫于停业或破产,清算价格往往大大低于现行市场价格。这是由于企业被迫停业或破产,急于将车辆拍卖、出售。

2. 清算价格法的前提条件

企业破产、抵押、停业清理时要售出的车辆适用于清算价格法。

(1)企业破产。当企业或个人因经营不善造成严重亏损不能清偿到期债务时,企业应依法宣告破产,法院以其全部财产依法清偿其所欠的债务,不足部分不再清偿。

(2)抵押。抵押是以所有者资产作抵押物进行融资的一种经济行为,是合同当事人一方用自己特定的财产向对方保证履行合同义务的担保形式。提供财产的一方为抵押人,接受抵押财产的一方为抵押权人。抵押人不履行合同时,抵押权人有权将抵押财产在法律允许的范围内变卖,从变卖抵押物价款中优先受偿。

(3)清理。清理是指企业由于经营不善导致严重亏损,已临近破产的边缘或因其他原因将无法继续经营下去,为弄清企业财物现状,对其全部财产进行清点、整理和查核,为经营决策(破产清算或继续经营)提供依据,以及因资产损毁、报废而进行清理、拆除等的经济行为。

运用清算价格法评估车辆价格时应注意以下几点:
①以具有法律效力的破产处理文件或抵押合同及其他有效文件为依据。
②车辆在市场上可以快速变现。
③所卖收入足以补偿因出售车辆导致的附加支出总额。

3. 清算价格评估方法

二手车评估清算价格的方法主要有以下三种:

(1)现行市价折扣法。现行市价折扣法是指对清理车辆首先在二手车市场上寻找一个相适应的参照物,然后根据快速变现原则估定一个折扣率,并据以确定其清算价格。

【例3-7】一辆旧富康轿车,经调查在二手车市场上成交价为4万,根据销售情况调查,折价20%可以立即出售。则该车辆清算价格为$4 \times (1-20\%) = 3.2$万元。

(2)模拟拍卖法。模拟拍卖法也称意向询价法,是根据向被评估车辆的潜在购买者询价的办法取得市场信息,最后经评估人员分析确定其清算价格的一种方法。用这种方法确定的清算价格受供需关系影响很大,要充分考虑其影响的程度。

【例3-8】有大型农用机械一台,拟评估其拍卖清算价格,评估人员经过对2个农场主、2个农机公司经理和2个农机销售员征询相关的车辆信息、技术状况、使用情况等,其评估分别为6万元、7.3万元、4.8万元、5万元、6.5万元和7万元,平均价为6.1万元。评估人员确定清算价格为5.8万元。

(3)竞价法。竞价法是由法院按照法定程序(破产清算)或由卖方根据评估结果提出一个拍卖的底价,在公开市场上由买方竞争出价,谁出的价格高就卖给谁。

第三节 二手车评估方法选择

一、二手车评估方法的联系与区别

1. 重置成本法与现行市价法的联系与区别

1)重置成本法与现行市价法的联系

决定重置成本的因素与决定现行市价的最基本因素相同,即现有条件下,生产功能相同的车辆所花费的社会必要劳动时间。但是现行市价的确定还需考虑其他与市场相关的因素,一是车辆功能的市场性,即车辆的功能能否得到市场认可;二是市场供求关系的影响。

2)重置成本法与现行市价法的区别

现行市价以市场价格为依据,车辆价格受市场因素约束,并且其评估值直接受市场检验;而重置成本只是在模拟条件下重置车辆的现行价格。

重置成本法是将被评估车辆与全新车辆进行比较的过程,而且,比较侧重于性能方面。例如,评估一辆旧汽车时,首先要考虑重新购置一台全新的车辆时需花多少成本,同时还需进一步考虑旧汽车的陈旧状况和功能、技术情况。只有当这一系列因素充分考虑周到后,才可能给旧汽车定价。而上述过程都涉及与全新车辆的比较,没有比较就无法确定旧汽车的价格。

现行市价法的出发点更多地表现在价格上。由于现行市价法比较侧重价格分析,因此,对现行市价法的运用十分强调市场化程度。如果市场很活跃,参照物很容易取得,那么运用现行市价法所取得的结论就会更可靠。现行市价法的这种比较性,相对于重置成本法而言,其条件更为广泛。

2. 重置成本法与收益现值法的联系与区别

重置成本法与收益现值法的区别在于:前者是对历史分析,后者是对预期分析。重置成本法比较侧重对车辆过去使用状况的分析,再加上对现时的比较后才得出结论。如有形损耗就是基于被评估车辆的已使用年限和使用强度等来确定的。因此,如果没有对被评估车辆历史的判断和记录,运用重置成本法评估车辆的价值是不可能的。

收益现值法的评估要素完全是基于对未来收益的分析。收益现值法从不把被评估车辆已使用年限和使用程度作为评估基础,不必考虑被评估车辆过去的情况怎样,所考虑和侧重的是被评估对象未来能给投资者带来多少收益。一般而言,预期收益越大,车辆的价值越大。预期收益的测定,是收益现值法的基础。

3. 现行市价法与收益现值法的联系与区别

现行市价法与收益现值法的联系主要表现在:两者在价格形式上有相似之处,都是评估公平市场价格。

两者区别在于:现行市价主要是车辆进入市场的价格计量;而收益现值主要以车辆的获利能力进入市场的价格计量。

从评估的角度看,收益现值法中任何参数的确定,都具有主观性。因为预期收益、折现率等都是不可知的参数,但是这些参数在运用收益现值法评估车辆价值时必须明确,否则,收益现值法就不能使用。然而,一旦从估计上来考虑收益现值法中的参数,就涉及估计的依据问题。针对此问题,在市场相对发达的地方,通过选择参照物,进一步计量其收益折现率及预期年限,然后将这些参照物的数据比较有效地运用到被评估车辆上,以确定车辆的价值。

把收益现值法和现行市价法结合起来使用,其目的在于降低评估过程中人为因素的影响,尽量反映客观实际,从而使车辆的评估更能体现市场观点。

4. 清算价格法与现行市价法的联系与区别

清算价格法与现行市价法的联系主要表现在:两者均是市场价格。

两者的区别在于:现行市价是公平市场价格;而清算价格是非正常市场上的拍卖价格,一般大大低于现行市价。

二、二手车评估方法选用

前面分别介绍了二手车评估的四种基本方法:重置成本法、收益现值法、现行市价法和清算价格法。这些方法都有各自的特点,同时又是相互关联的。评估方法的多样性,可以让鉴定估价人员选择适当的评估途径。选择合适的评估方法,有利于简捷、准确地确定被评估对象的价值。

选择二手车鉴定估价方法时主要考虑的因素有:

(1)二手车评估方法的选择必须严格与机动车评估的计价标准相适应。

(2)二手车评估方法的选择还要受数据收集和信息资料的制约。

(3)在选择二手车评估方法时,要充分考虑二手车鉴定估价工作的效率,选择简单易行的方法。

考虑上述因素,在四种评估方法中,采用现行市价法评估时,由于我国二手车交易市场发育尚不健全,较难寻找与被评估车辆相同的车辆类型、相同的使用时间、相同的使用强度和相同使用条件的参照物;采用收益现值法时,投资者对预期收益额预测难度较大,且受较强的主观判断和未来不可预见因素的影响;采用清算价格法评估车辆时,又受其适用条件的局限。而上述评估方法中,重置成本法具有收集资料信息便捷、操作简单易行、评估理论贴近二手车的实际等特点,故被最常采用。

习题

1. 简述重置成本法评估二手车的优缺点。
2. 简述折旧法与重置成本法评估二手车的区别。
3. 简述现行市价法评估的步骤。
4. 一辆已使用5年8个月的捷达轿车,该轿车为私家车,常年行驶在市区,道路条件较好,维护条件良好,车辆外观略旧,有划痕,私用车使用强度不高,汽车技术状况较好,其他情况均与车辆新旧程度基本相符,试用综合分析法估算该车的成新率。

第四章 事故车辆损失评估

第一节 概述

对事故车损失的评估关系到车主、保险公司以及维修厂等多方利益。汽车评估人员对出险车辆的损失评估,既要考虑保险公司的经济效益,也要考虑事故车辆修复后能基本恢复其原有性能,也就是说,汽车评估人员必须能够准确、合理地对事故车辆的损失进行评估。

一、事故车损失评估原则

对事故车辆损失的评估,应遵循以下基本原则:
(1)维修仅限于本次事故造成的损失。
(2)能修理的零部件,应尽量修理。
(3)能局部维修的,不扩大到整体修理,如车身局部的喷漆修理。
(4)更换个别零部件可以恢复性能的,不更换总成。
(5)根据修复的难易程度,参照当地工时费水平,准确确定工时费用。
(6)根据更换项目,参照当地采购价格或保险公司的系统报价,准确确定换件费用。

二、事故车损失评估技术依据

在对事故车进行损失评估时所采取的技术依据主要是:
(1)了解出险车辆的结构及整体性能。
(2)熟悉受损零部件拆装的难易程度及相关作业量。
(3)掌握受损零部件的检测技术,了解修理工艺及所需工装器具。
(4)熟悉受损零部件的市场价格。
(5)掌握修理过程中所需的辅助材料及用量。
(6)掌握出险车辆修竣后的检查、鉴定技术标准。

三、事故车损失评估所需的基本工具

对损坏汽车的鉴定工作有时非常复杂,如果不借助适当的工具、按照规范的步骤进行检查,很难做到准确无误。评估人员在评估时常用的工具有:
(1)必要的测量工具,如卷尺、量规等。
(2)常用的手动工具。评估人员应当能够熟练使用扳手、螺丝刀和钳子等常用工具,以便能够熟练拆卸一些损坏的配件,做进一步的检查。

(3)举升设备。评估人员应当能够自己操作举升机或千斤顶,对车辆进行正确的举升操作。因为对于较为严重的碰撞事故,一般都要将车辆举起,检查车身底部。

(4)记录信息的工具。可以用笔记本记录损伤情况,也可用视频、语音方式将损坏情况记录在手机等电子设备上,或者直接记录在笔记本电脑上。

(5)查询配件信息的手册或软件。可以是原厂配件手册、第三方手册或估价软件,以便查询配件信息和关键尺寸。

四、事故车损失评估步骤

(1)弄清肇事起源点,由此确定因肇事部位的撞击、振动可能引起哪些部位损伤。

(2)确定维修方案,并据此对损坏的零部件由表及里进行登记,并进行修复或更换的分类。鉴定、登记时可以按以下顺序进行:由前到后,由左到右,先登记外附件(即钣金覆盖件、外装饰件),再按发动机、底盘、电器、仪表等分类进行。

(3)根据已确定的维修方案及修复工艺难易程度确定工时费用。

(4)根据所掌握的汽车配件价格确定材料费用。

(5)评估时各方(被保险人、第三者、修理厂、保险公司)最好均在场。在明确修理范围及项目,确定所需费用,签订"事故车辆估损单"协议后方可让事故车进厂修理。

五、事故车损失评估注意事项

1. 损失范围确认

(1)区分本次事故和非本次事故造成的损失。根据事故部位的痕迹进行判断。本次事故的碰撞部位,一般有脱落的漆皮痕迹和新的金属刮痕;非本次事故的碰撞部位一般有油污或锈迹。

(2)区分事故损失和机械损失。机械损失如制动失灵、机械故障、轮胎自身爆裂,以及零部件的锈蚀、朽旧、老化、变形、裂纹等,这些都属于车辆的折旧部分。而事故损失多是由于意外原因造成,但若因机械损失导致事故(如造成碰撞、倾覆、爆炸等)的,则事故损失部分属于评估范围。

(3)区分因意外风险导致的事故损失和因产品质量或维修质量问题而引发的事故损失。碰撞、倾覆、坠落、火灾、爆炸、暴风、暴雨、雹灾、泥石流等意外风险造成的车辆损失一般保险公司负责赔偿,而由汽车或零配件的产品质量或维修质量引发的车辆损毁,应由生产厂家、配件供应厂家、汽车销售公司或汽车维修厂家负责赔偿。所以,损失评估时对二者的损失要分开进行。同时,在评估过程中,对汽车质量是否合格不好把握时,可委托机动车辆的司法鉴定部门进行鉴定。

(4)区分事故发生后,有无因采取措施不当或施救方法不合理导致的损失扩大部分。常见的不当措施有:汽车托底后,发动机油或变速器油泄漏,而又继续行驶导致发动机或变速器损失扩大;汽车碰撞后,造成水箱破裂,冷却液泄漏,而又继续行驶导致发动机损失扩大;行驶中发动机进水后,未及时停车或因进水而导致熄火后重新起动,导致发动机损失扩大。常见不合理施救方法有:对倾覆车辆在吊装时未对车身合理保护,致使车身漆层大面积损伤的;对倾覆车辆在吊装过程中未合理固定,造成二次倾覆的;在分解施救过程中拆卸不当,造成车辆零部件损坏或丢失;对拖移车辆未进行检查,造成拖移过程中车辆损坏扩大,如轮胎缺气或转向失灵硬拖硬磨造成轮胎的损坏。

(5)对有新增设备的车辆,应区分车辆标准配置的损失和新增设备的损失。

(6)对更换零件的,损坏件的残值应合理作价,损失应为换件价格扣除损坏件的残值。

2. 注意安全事项

(1)在评估受损汽车之前,先查看车上是否有破碎玻璃,是否有锋利的刀状或锯齿状金属边角。对危险部位标上安全警示,或进行处理。

(2)如果闻到有汽油泄漏的气味,切勿使用明火,切勿开关电器设备。事故较大时,可考虑切断蓄电池电源。

(3)如果有机油或齿轮油泄漏,当心滑倒。

(4)在检验电器设备的状态时,不要造成新的损伤。如:在车门变形的情况下,检验电动车窗玻璃升降功能时,切勿盲目升降,以免造成升降器损坏。

(5)应在光线良好的场所进行碰撞诊断,如果损伤涉及底盘或需在车下进行细致检查时,务必使用专用举升设备,以保证评估人员的安全。

第二节 碰撞损伤诊断与测量

一、汽车碰撞事故分类

汽车碰撞事故分为单车事故和多车事故,单车事故又分为翻车事故和撞障碍物事故。

1. 汽车单车事故

(1)翻车事故。

翻车事故一般是由于汽车驶离公路路面或由于高速转弯造成的。其事故严重程度主要与车速、翻车路况有关。翻车事故又可细分为高速转弯翻车、正向坠崖翻车和侧向坠崖翻车等。

(2)撞障碍物事故。

撞障碍物事故按撞车部位分为前撞、尾撞和侧撞。其中,前撞和侧撞约占事故的70%。追尾事故主要发生在市内交通道路,其相对碰撞速度较低,但追尾常造成乘客颈部严重损伤与致残,后果严重。按障碍物特性分为正撞刚性墙、斜撞刚性墙、正撞护栏、斜撞护栏以及与行人碰撞等类型。

2. 汽车多车事故

多车事故是指两辆或两辆以上的汽车在同一事故中发生碰撞造成的事故。在多车事故中,两车相撞的情况较多。多车事故有两个明显特征:一是给事故车辆施加冲击力的均为其他车辆;二是一般无来自上下方向的冲击载荷,且其障碍物的刚性变化没有单车事故大。

二、汽车碰撞事故损失分类

汽车事故千奇百怪,事故车的损伤情况也千差万别。汽车碰撞损伤的类别可根据碰撞损伤的程度、行为、现象等因素进行大致分类。

1. 按照汽车碰撞损伤程度的不同分类

按照汽车碰撞损伤程度的不同,通常将汽车碰撞损伤分为一般损伤、严重损伤和汽车报废。

1)一般损伤

一般损伤又称为轻微损伤,是指只需更换或修理少数零部件,通过喷漆即可修复的损伤。可视为一般损伤的事故现象如下:

(1)碰撞处周围产生弯曲变形;

(2)碰撞处形成 S 形波浪状的弯曲变形;

(3)碰撞处形成 S 形包卷状的弯曲变形;

(4)局部收缩;

(5)碰撞处被拉伸。

2)严重损伤

严重损伤是指更换、修理和校正较大的车身部件,然后再喷漆修复的损伤。有时甚至需对损坏的零件进行切割,然后焊接新件。虽然损伤严重,但是修理的费用仍低于换件的费用或是汽车本身的价值。可视为严重损伤的事故如下:

(1)车身褶皱撕裂;

(2)连接件脱落开裂;

(3)车架变形;

(4)车体、底盘、车架、转向轮定位失准。

3)汽车报废

汽车报废是指碰撞程度十分严重,足够达到全损标准的损伤。全损的标准还没有统一,各保险公司在确定"全损"时都有各自的原则和公式,但大多数公司都考虑下面三种情况:

(1)当维修总费用等于或超过重置成本时;

(2)当维修总费用等于或超过重置成本的某个百分点时,如75%或80%;

(3)当维修费用加上汽车的残值等于或超过重置成本,或重置成本的某个百分比时。

汽车在意外事故中翻车、撞车、烧毁等,主要总成及零件、部件大部分损坏,无修复价值时,或挂车的车架、车身、前轴、后轴四个主要总成中,车架和其他任何一个主要总成严重损坏,无法修复时,均可由有关部门进行技术鉴定,并按规定程序报主管部门审批报废。

2. 按照汽车碰撞行为的不同分类

按照汽车碰撞行为的不同,汽车碰撞损伤可分为直接损伤(或一次损伤)和间接损伤(或二次损伤)。

1)直接损伤

直接损伤是指汽车直接碰撞部位出现的损伤。直接碰撞点多为汽车左前方,推压前保险杠使汽车左前翼子板、散热器护栅、发动机舱盖、左车灯等变形损伤。

2)间接损伤

间接损伤是指离碰撞点有一段距离的损伤包括因碰撞力传导而导致的变形,如车架横梁、行李舱底板、护板和车轮外壳等,此外,还有弯曲变形和各种钣金件的扭曲变形等。

3. 按照汽车碰撞损伤现象的不同分类

按照汽车碰撞损伤现象的不同,汽车碰撞损伤可归纳为五大类,即侧弯、凹陷、褶皱或压溃、错位损伤、扭曲等,如图4-1所示。

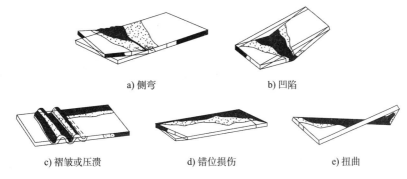

图 4-1 汽车碰撞损伤的类型

三、汽车碰撞损伤影响因素

汽车碰撞事故是所有汽车事故中数量最多的一种。影响事故车损坏程度的因素有：
(1) 事故车的结构、大小、形状和重量；
(2) 被撞物体的大小、形状、刚度和速度；
(3) 发生碰撞时的车辆速度；
(4) 碰撞的位置和角度；
(5) 事故车辆中的乘员或货物的重量和分布情况。

四、碰撞对不同车身结构的影响

汽车车身既要经受行驶中的振动，又要在碰撞时能够为车上乘员提供安全保障。因此，现代汽车的车身被设计成在碰撞时能最大限度地吸收能量，以减少对乘员伤害，如图 4-2 所示。

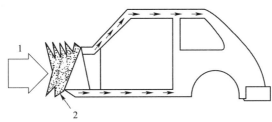

图 4-2 碰撞时车身变形吸能
1-碰撞力方向；2-车身变形区

如图 4-3 所示，非承载式车身发生碰撞后，可能是车架损伤，也可能是车身损伤，或车架车身都损伤。车架车身都损伤时可通过更换车架来实现车轮定位及主要总成定位，然而，承载式车身发生碰撞后通常会造成车身结构件的损伤，如图 4-4 所示。通常非承载式车身的修理只需满足形状要求即可，而承载式车身的修理不但要满足形状要求，还要满足车轮定位及主要总成定位的要求。所以碰撞对不同车身结构的汽车影响不同，从而造成修理工艺和方法的不同，最终造成修理费用的差距。

1. 碰撞造成的非承载式车身变形种类

(1) 左右弯曲。侧面碰撞会引起车架左右弯曲或一侧弯曲，如图 4-5 所示。左右弯曲通常发生在汽车前部或后部，一般可通过观察钢梁内侧及对应钢梁外侧是否有皱曲来确定。通过发动机舱盖、行李舱盖及车门缝隙、错位等情况也能够辨别出左右弯曲变形。

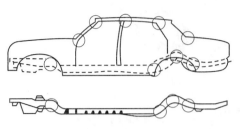
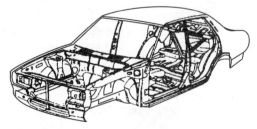

图 4-3 非承载式车身　　　　　　图 4-4 承载式车身

(2) 上下弯曲。汽车碰撞产生弯曲变形后,车身外壳会比正常位置高或低,结构上也有前、后倾现象,如图 4-6 所示。上下弯曲一般由来自前方或后方的直接碰撞引起,可能发生在汽车一侧也可能是两侧。判别上下弯曲变形时,可查看翼子板与门之间的上下缝隙,是否顶部变窄下部变宽,也可查看车门在撞击后是否下垂。

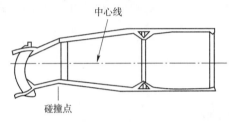

图 4-5 左右弯曲　　　　　　图 4-6 上下弯曲

(3) 皱折与断裂损伤。汽车碰撞后,车架或车上某些零部件的尺寸会与厂家提供的技术资料不相符,断裂损伤通常表现在发动机舱盖前移和侧移、行李舱盖后移和侧移,如图 4-7 所示。有时看上去车门与周围吻合很好,但车架却已产生了皱折或断裂损伤,这是非承载式结构不同于承载式结构的特点之一。皱折或断裂通常发生在应力集中的部位,而且车架通常还会在对应的翼子板处造成向上变形。

(4) 平行四边形变形。汽车一角受到来自前方或后方的撞击力时,其一侧车架向后或向前移动,引起车架错位,使其成为一个接近平行四边形的形状,如图 4-8 所示。平行四边形变形会对整个车架产生影响。目测可见发动机舱盖及行李舱盖错位,通常平行四边形变形还会带来许多断裂及弯曲变形的组合损伤。

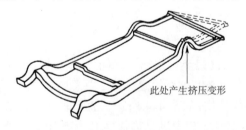
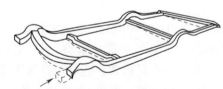

图 4-7 皱褶变形　　　　　　图 4-8 平行四边形变形

(5) 扭曲变形。当汽车高速撞击到与车架高度相近的障碍物时,会发生扭曲变形,如图 4-9 所示。另外,尾部受侧向撞击时也会发生这种变形。受此损伤后,汽车一角会比正常时高,而相反一侧会比正常时低。应力集中处时常伴有皱折或断裂损伤。

2. 碰撞对承载式车身的影响

承载式车身能很好地吸收碰撞时产生的能量。发生撞击时,车身由于吸收撞击能量而变形,使撞击能量大部分被车身吸收。撞击能量在承载式车身上造成的影响通常按锥形传递,碰撞点为锥顶,如图4-10所示。

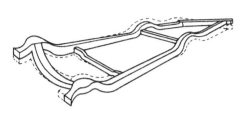
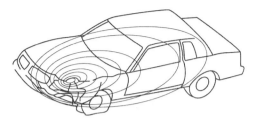

图4-9 扭曲变形　　　　　图4-10 承载式车身碰撞时能量的锥形传递

在受到碰撞时,车身能按照设计要求形成折曲,这样传到车身的振动波在传送时就被大大减小,即来自前方的碰撞应力被前部车身吸收了;来自后方的碰撞应力被后部车身吸收了;来自前侧方的碰撞应力被前翼子板及前部纵梁吸收;中部的碰撞应力被边梁、立柱和车门吸收;来自后侧方的碰撞应力被后翼子板及后部纵梁吸收。

前端碰撞较轻时,保险杠会被向后推,前纵梁及内轮壳、前翼子板、前横梁及水箱框架会变形;如果碰撞加重,那么前翼子板会弯曲变形并移位触到车门,发动机舱盖铰链会向上弯曲并移位触到前围盖板,前纵梁变形加剧造成副梁的变形;如果碰撞程度更剧烈,前立柱将会产生变形,车门开关困难,甚至造成车门变形;如果前面的碰撞从侧向而来,由于前横梁的作用,前纵梁也会产生变形。前端碰撞常伴随着前部灯具及护栅破碎,冷凝器、水箱及发动机附件损伤、车轮移位等。

后端碰撞时,汽车因后端正面碰撞造成损伤,往往是被动碰撞所致。如果碰撞较轻,后保险杠、行李舱后围板、行李舱底板可能压缩弯曲变形;如果碰撞较重,C柱下部前移,C柱上端与车顶接合处会产生折曲,后门开关困难,后风窗玻璃与C柱分离,甚至破碎。碰撞更严重时会造成B柱下端前移,在车顶B柱处产生凹陷变形。后端碰撞常伴随着后部灯具等的破碎。

侧面碰撞时,分析其结构尤为重要。一般说来,对于严重的碰撞,车门、A柱、B柱、C柱以及车身地板都会变形。当汽车遭受的侧向力较大时,惯性作用会使另一侧车身变形。当前后翼子板中部遭受严重碰撞时,还会造成前后悬架的损伤,前翼子板中后部遭受严重碰撞时,还会造成转向系统中横拉杆、转向器齿轮齿条的损伤。

底部碰撞通常因路面凹凸不平、路面上有异物等造成车身底部与路面或异物发生碰撞,致使汽车底部零部件、车身底板损伤。常见损伤有:前横梁、发动机下护板、发动机油底壳、变速器油底壳、悬架下托臂、副梁及后桥、车身底板等损伤。

顶部碰撞多为空中坠落物所致,以顶部面板及骨架变形为主。汽车倾覆是造成顶部受损的常见现象,受损时常伴随着车身立柱、翼子板和车门变形、车窗破碎。

3. 承载式车身碰撞变形顺序

承载式车身在发生前部或后部碰撞时,碰撞力将从碰撞点开始,沿着车身构件向外传播,从而造成更大面积的损坏。一般来说,车身发生变形的顺序如下:

(1)弯曲变形:在碰撞发生后的一瞬间,碰撞力达到最大,它首先会对构件产生挤压作用,使构件中部产生弯曲变形。但由于金属构件具有弹性,所以在碰撞力消失后可能会部分或全部恢复原状。在事故查勘时,如果发现测量的高度值超出允许范围,通常表示产生了弯曲变形。

(2)褶皱变形:随着碰撞的进一步延续,碰撞点处会出现明显的褶皱,从而进一步吸收碰撞能量,以保护乘客舱的安全。由于碰撞力沿着车身传递,导致远离碰撞点的部位也可能发生褶皱、撕裂或拉松。在事故查勘时,如果发现测量的长度值超出允许范围,通常表示发生了褶皱变形。

(3)扩宽变形:对于设计良好的承载式车身结构,乘客舱在事故中的变形量会很小,即使产生变形,也是使乘客舱的构件向外凸起,而不是侵入舱内,以保护乘员安全。这就是所谓的扩宽变形。在事故查勘时,如果发现测量的宽度值超出允许范围,通常表示发生了扩宽变形。

(4)扭曲变形:如前面所述,碰撞点通常不是在车辆正中,碰撞力产生的力矩会使车身产生扭曲变形。即使碰撞发生在车辆正中,二次碰撞也可能会使车身产生扭曲变形。扭曲变形通常是最后发生的一种变形形式。在事故查勘时,如果发现测量的高度和宽度值都不在允许范围内,通常表示发生了扭曲变形。

虽然承载式车身与车架式车身在碰撞事故中的损坏形式很相似,但是承载式车身的损坏往往更复杂。另外,承载式车身在严重碰撞中通常不会产生菱形损坏。

无论是哪种车身结构,事故车的车身修复顺序都遵循"后进先出"的规则,也就是说,后产生的损坏(间接损坏)先修复。

五、汽车碰撞损伤的区位检查法

进行事故车辆的损失评估时,评估人员应该掌握一套科学的损伤检查方法,这对于受损严重的事故车来说尤为重要。评估时如果不遵循规范的检查程序,很容易遗漏一些受损件或维修项目,或者对同一项目重复估损。

"区位检查法"是按碰撞损坏规律把汽车分为五个区位。

①一区:车辆直接受到碰撞的部位;
②二区:受到间接损伤的车身其他部位;
③三区:受到损伤的机械零部件;
④四区:乘员舱,包括舱内受损的内饰、灯、附件、控制装置等;
⑤五区:车身外部件和装饰件。

在对事故车定损时,应从一个区位到另一个区位逐处检查,同时按顺序记录损伤情况。无论是用区位检查法还是其他方法,在检查事故车时都应遵循以下顺序:

①从前到后:从事故车的前面往后面依次检查,但对于后端碰撞,应当从后到前检查。
②从外到内:先查看外部零部件的损坏情况,如装饰件;然后再检查内部结构件和连接件的损坏情况。
③从主到次:先查看主要分总成的损坏情况,然后再查看小器件和其他附件的损坏情况。

在查勘事故车时,估损人员还要注意非原厂配件。这些配件在原厂配件手册、第三方配件或估损手册中一般都查不到。另外,还要注意事故车先前损坏的痕迹,例如,明显与本次事故无关的凹痕、弯折和锈蚀。这些先前损坏保险公司是不予理赔的。根据车辆保险合同,保险公司只有义务将车辆恢复到本次事故之前的状况,而其他任何损坏的维修费用应当由车主自己承担。可以在定损单之外建立一个自付费项目表。虽然这不是损坏分析的一部分,但有助于避免以后因维修费用发生争议。

1. 一区——直接损伤区

直接损伤情况因车辆结构、碰撞力度和角度的不同而有所不同。多数情况下,直接损伤会导致板件弯折、断裂和部件损坏。直接损伤直观明了,一般不需要测量。

检查一区时,首先应检查外部装饰件、塑料件、玻璃、镀铬层以及外板下面的金属材料。

对于前部碰撞,应检查的项目通常有:前保险杠、格栅、发动机舱盖、翼子板、前照灯、玻璃、前车门、前车轮、油液泄漏等。

对于后部碰撞,应检查的项目通常包括:后保险杠、后侧围板、行李舱盖、后车灯、玻璃、后车轮、油液泄漏等。

对于侧面碰撞,应检查的项目通常包括:车门、车顶、玻璃、立柱、前车身底板、支撑件、油液泄漏等。

有时需将事故车举升起来,检查车身底板、发动机支架、横梁和纵梁等的损伤情况。

为了检查哪些部位受到了损伤,应当查找以下线索或痕迹:缝隙、卷边损坏、裂开的焊点、扭曲的金属板等。

2. 二区——间接损伤区

车辆碰撞时,碰撞力会沿车身向各个方向传递,从而引起间接损伤。碰撞力扩展和间接损伤的范围取决于碰撞的力度和角度,以及车身纵梁和横梁吸收碰撞力的能力。通常承载式车身的吸能区会在碰撞中产生间接损伤。

动力传动系统和后桥也会引起间接损伤。当汽车由于碰撞突然停止时,质量很大的零部件在惯性作用下继续前移,对其支座和支撑构件产生强大的惯性力,容易造成相邻金属件变形、划伤或焊点开裂。因此,对于比较严重的事故,一定要仔细检查悬架、车桥、发动机和变速器的支撑点等部位。

3. 三区——机械损坏区

对于前部碰撞的事故车,应检查散热器、风扇、动力转向泵、空调器件、发电机、蓄电池、燃油蒸发炭罐、前风窗玻璃清洗器储液罐以及其他机械和电子元件是否损坏。查看油液是否泄漏、皮带轮是否与皮带对正、软管和电线是否错位以及是否有凹坑和裂纹等。

如果碰撞比较严重,发动机和变速器也可能受损。如果条件允许,应当起动发动机,怠速到正常工作温度。举升车辆,使车轮离开地面,在各个挡位运转发动机,听一听有没有异常的噪声。对于手动挡的车辆,检查换挡是否平顺,离合器的工作是否正常。查看节气门拉索、离合器操作机构和换挡拉索是否卡滞。

打开空调,确保空调运转正常。查看充电、机油压力等仪表板灯和仪表,如果发动机故障灯点亮,说明发动机存在机械或电控故障。但是,估损人员应判断,故障码是否在事故之前就已存储在控制电脑中,若不是由事故引起的故障码,其维修费用应当从估损单中扣除。

在完成发动机舱的检查后,用千斤顶举起事故车,钻到车辆下面检查转向和悬架元件是否弯曲,制动软管是否扭绞,制动管路和燃油管路及其接头是否泄漏。检查发动机、变速器、差速器、转向机和减振器是否存在泄漏。将转向盘向左和向右打到头,检查是否卡滞,是否有异常噪声。转动车轮,检查车轮是否跳动,轮胎是否有裂口、刮痕和擦伤。降下车辆,使轮胎着地,转动转向盘,使车轮处于正直向前的位置,测量前轮毂到后轮毂的距离,左右两侧的测量值应当相同,否则,转向或悬架元件有损伤。

4. 四区——乘员舱

乘员舱损坏可能是由碰撞直接引起(如侧碰时)。而内饰和车内附件的损坏也可能是由乘员舱内的乘客和物品的碰撞能量引起的。

首先检查仪表板。如果碰撞导致前围板或车门立柱受损,那么仪表板、暖风机芯和管道、音响、电子控制模块和安全气囊等有可能受损。所有在三区检查中没有被查看的元器件都要进行检查。

检查转向盘是否损坏。查看其安装紧固件、倾斜和伸缩性能、喇叭、前照灯和转向信号灯开关、点火钥匙以及转向盘锁。转动转向盘,将车轮转到正直向前的位置,查看此时转向盘是否对中。对于吸能型转向盘,查看是否已经发生溃缩。

检查门把手、操纵杆、仪表板玻璃和内饰是否受损。打开、关闭并锁住杂物箱,查看杂物箱是否在碰撞中变形或损坏。检查制动踏板是否变形、卡滞或松脱等。掀开地毯,查看地板和踢脚板,看铆钉是否松脱,焊缝是否裂开。

检查座椅是否受损。汽车在前端受到碰撞时,乘客的身体质量会产生较大的惯性力,由于乘客被安全带捆绑在座椅上,所以惯性力可能会对座椅框架调节器和支撑件产生损害。汽车在后端受到碰撞时,座椅靠背的铰链点可能受到损害。将座椅从最前位置移动到最后位置,查看其调节装置是否完好。

检查车门的状况。乘客的惯性力可能损坏内饰板件和车门内板。如果发生侧碰,门锁和车窗调节器也可能受损。即使是前端碰撞,车窗玻璃产生的惯性力也可能使车窗轨道和调节器受损。将车窗玻璃降到底后再完全升起,检查玻璃是否犯卡或受到干扰。将车窗降下4cm,查看车窗玻璃是否与车门框平齐。查看电动门锁、防盗系统、车窗和门锁控制装置以及后视镜的电控装置等所有附件是否正常。

检查乘员约束系统。当代汽车大都装备了被动式约束系统,应检查安全带是否能够正常扣紧和松开,安全带插舌和锁扣是否完好。对于主动式安全带系统,检查其两点式和三点式安全带是否都能轻松地扣紧和解开。查看卷收器、D形环和固定板是否损坏。有些安全带有张力感知标签。如果安全带在碰撞中磨损,或者安全带的张力超过设计极限,张力感知标签撕裂,就必须予以更换。将安全带从卷收器中完全拉出,就可以看到这个张力感知标签。还应当列出车内的非原装附件,如民用无线电装置、磁带播放机、立体声扬声器等。

5. 五区——外饰和漆面

在车身、机械件、内饰和附件都检查完毕之后,再围绕车辆检查一圈,查看并列出受损的外饰件、嵌条、车顶板、轮罩、示廓灯以及其他车身附件。

打开灯光开关,检查前照灯、尾灯、转向信号指示灯和危险报警闪光灯。车灯的灯丝通常在碰撞力的作用下断裂,如果碰撞时车灯处于点亮状态,灯丝就更容易断裂。

如果在一区和二区检查中没有查看保险杠,那么此时就应该对保险杠进行检查。查看杠皮和防尘罩是否开裂,吸能装置是否受损,橡胶隔振垫是否开裂。

仔细检查油漆的状况。记录下哪块油漆必须重新喷涂,并要列出那些需要特别注意的事项,如清漆涂层、柔性塑料件和表面锈迹。板件的轻度损坏可能只需进行局部喷涂,而有些维修项目则需要喷涂整块板件甚至多块板件。无论是哪种情况,都需要考虑新油漆与原有油漆的配色和融合工时。如果事故车的损坏非常严重,或者原有漆面已经严重老化,则可能需要进行整车喷漆。

检查漆面是否在事故前就已经损坏也很重要。这些事故前已有的凹痕、裂缝、擦伤和油漆问题不在保险公司的理赔范围内，其维修费用由客户自行承担。

六、汽车碰撞损伤检查

1. 目测检查

通常碰撞部位能直接显示出结构变形或断裂迹象。目测检查时，应先根据碰撞点位置，估计受撞范围大小及方向，判断碰撞是如何扩散的；然后，从总体上查看汽车上是否有扭转、弯曲变形，并确定所有损伤是否由同一事故引起。

碰撞力沿车身扩散，并使许多部位发生变形，碰撞力具有穿过车身坚固部位最终抵达并损坏薄弱部件，扩散并深入车身部件内的特性。因此，为了查找汽车损伤，必须沿碰撞力扩散的路径查找车身薄弱部位。沿碰撞力扩散方向逐处检查，确认是否有损伤，如果有损伤，还要确定损伤程度。具体可从以下几方面加以识别：

（1）钣金件截面变形。车身设计时，要使碰撞产生的能量能按既定路径传递，到指定地方吸收，即车身钣金件有些部位是薄弱环节，撞击时，薄弱环节会产生截面的变形。截面的变形通常通过漆面的变化情况可以判断。碰撞所造成的钣金件截面变形与钣金件本身设计的结构变形不一样，钣金件本身设计的结构变形处表面油漆完好无损，而碰撞所造成的钣金件截面变形处油漆起皮、开裂。

（2）零部件支架断裂、脱落及遗失。发动机支架、变速器支架、发动机各附件支架是碰撞应力的吸收处，各支架在设计时均有保护重要零部件免受损伤的功能。在碰撞事故中常有各支架断裂、脱落及遗失的现象。

（3）检查车身各部位的间隙和配合。车门是以铰链形式装在车身立柱上的，通常立柱变形会造成车门与门框、车门与立柱的间隙不均匀。还可通过简单地开关车门，查看车门锁与锁扣的配合，从锁与锁扣的配合可判断车门是否下沉，从而判断立柱是否变形，从查看铰链的灵活程度判断主柱及车门铰链处是否有变形。

在比较严重的汽车前端碰撞事故中，还应检查后车门与后翼子板、门槛、车顶侧板的间隙，并做左右对比，这是判断碰撞应力扩散范围的主要手段。

（4）检查来自乘员及行李的损伤。由于惯性力作用，乘客和行李在碰撞中会引起车身二次损伤，损伤程度因乘员位置及碰撞力度而异，较常见的是转向盘、仪表板、方向柱护板及座椅等被损坏。行李碰撞是造成行李舱中部分设备（如音频功率放大器）损伤的主要原因。

2. 测量检查

在评估车身的损伤时通常要参照车身尺寸图对车身的特定点进行测量。图4-11为一承载式车身尺寸图，图4-12为一非承载式车身尺寸图。

用钢卷尺或轨道式量规就可以测量各控制点之间的尺寸，与汽车厂家给定尺寸进行比较，从而确定变形程度。如果没有原厂车身规范，可以对一辆完好无损的相同车型进行测量，获得原厂尺寸。另外，如果车辆只有一侧损坏，通常可以对未损坏的一侧进行测量，然后比较这两侧的测量值。测量点最好选择悬架和机械零件的安装点，因为这些点对于定位至关重要。应注意的是：很多原厂车身尺寸手册中给出的尺寸是从轨道式量规杆上读取的测量值，而不是钢卷尺测量的绝对距离，实际作业时一定要仔细查看手册中的有关说明。

除了底部车身尺寸外，还应测量上部车身尺寸，比如前部车身尺寸、车身侧面尺寸、后部车身尺寸等,其常用测量点分别如图 4-13 ~ 图 4-15 所示。

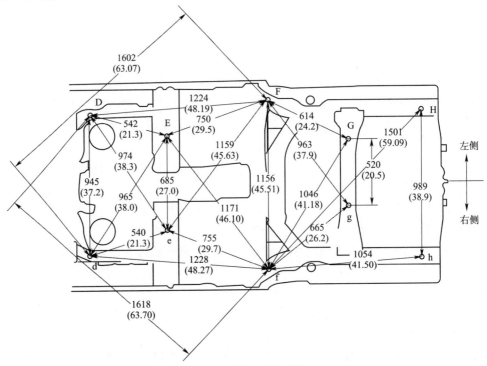

图 4-11 承载式车身尺寸图(单位:mm)

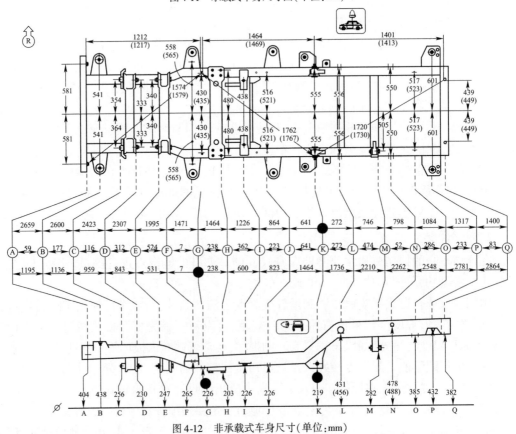

图 4-12 非承载式车身尺寸(单位:mm)

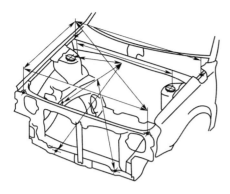
图 4-13 车身前部常用的测量点

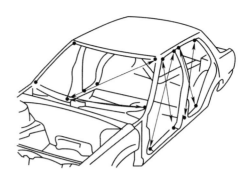
图 4-14 车身侧面常用的测量点

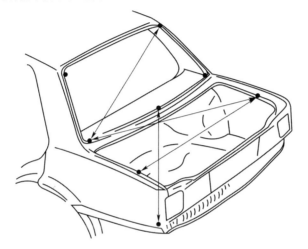
图 4-15 车身后部常用的测量点

第三节 常损零件修与换原则

在汽车的损失评估中,受损零件修与换的标准是一个难题。在保证汽车修理质量的前提下,"用最小的成本完成受损部位修复"是评估受损汽车的原则。碰撞中常损零件有承载式车身结构钣金件、非结构钣金件、塑料件、机械件及电器件等。

一、承载式车身结构钣金件的修与换

车身结构钣金件是指通过点焊或激光焊接工艺连在一起,构成一个高强度车身箱体的各组成件,通常包括纵梁、横梁、减振器塔座、前围板、散热器框架、车身底板、门槛板、立柱、行李舱底板等。

车身结构钣金件碰撞受损后修复与更换的判断原则是"弯曲变形就修,折曲变形就换"。

零件发生弯曲变形,其特点是:损伤部位与非损伤部位的过渡平滑、连续;通过拉拔矫正可使它恢复到事故前的形状,而不会留下永久的塑性变形。

零件发生折曲变形,其特点是:变形剧烈,曲率半径小于3mm,通常在很短长度上弯曲可达90°以上,如图4-16所示;矫正后,零件上仍有明显的裂纹或开裂,或者出现永久变形带,不经调温加热处理不能恢复到事故前的形状。

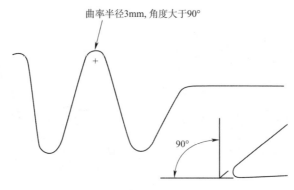

图 4-16　折曲变形图例

二、非结构钣金件的修与换

非结构钣金件又称车身覆盖钣金件,它们通过螺栓、胶粘、铰接或焊接等方式覆盖在车体表面,起到密封车身、减小空气阻力、美化车辆的作用。承载式车身的覆盖钣金件通常包括可拆卸的前翼子板、车门、发动机舱盖、行李舱盖,和不可拆卸的后翼子板、车顶等。

1. 可拆卸件的修与换

(1) 前翼子板。

若前翼子板损伤程度没有达到必须将其从车上拆下来才能修复,如整体形状还在,只是中间局部凹陷,一般不考虑更换。

若前翼子板损伤程度达到必须将其从车上拆下来才能修复,并且前翼子板的材料价格低廉、供应流畅,材料价格达到或接近整形修复的工时费,可以考虑更换。

如果每米长度超过 3 个折曲、破裂变形,或已无基准形状,应考虑更换(一般来说,当每米折曲、破裂变形超过 3 个时,整形和热处理后很难恢复其尺寸)。

如果每米长度不足 3 个折曲、破裂变形,且基准形状还在,应考虑整形修复。

如果修复工时费明显小于更换费用应考虑以修复为主。

(2) 车门。

如果门框产生塑性变形,一般来说是无法修复的,应考虑更换。

许多车的车门面板是作为单独零件供应的,损坏后可单独更换,不必更换总成。其他同前翼子板。

(3) 发动机舱盖和行李舱盖。

绝大多数汽车的发动机舱盖和行李舱盖,是用两个冲压成形的冷轧钢板经翻边胶粘制成的。

判断碰撞损伤变形的发动机舱盖或行李舱盖,应看其是否要将两层分开进行修理。如果不需将两层分开,则应考虑不予更换;若需将两层分开整形修理,应首先考虑工时费加辅料费与其价值的关系。如果工时费加辅料费接近或超过其价值,则应考虑更换。反之,应考虑修复。其他同车门。

2. 不可拆卸件的修与换

碰撞损伤的汽车中最常见的不可拆卸件就是三厢车的后翼子板,由于更换时需从车身上将其切割下来,而国内绝大多数汽车维修厂在切割和焊接上,满足不了制造厂提出的工艺要求,从而造成车身结构方面新的修理损伤。所以,在国内现有修理行业的设备和工艺水平条件下,后翼子板只要有修理的可能都应采取修理的方法修复,而不应像前翼子板一样存在值不值得修理的问题。

三、塑料件的修与换

随着汽车工业的发展,车身各种零部件越来越多地使用了各种塑料,特别是在车身前端(包括保险杠、格栅、挡泥板、防碎石板、仪表工作台、仪表板等)。许多损坏的塑料件可以经济地修理而不必更换,如划痕、擦伤、撕裂和刺穿等。此外,由于某些零件更换不一定有现货供应,修理往往可迅速进行,从而缩短修理工期。

不同车型、不同部位所用塑料材料不尽相同,即使是同一款汽车或同一部件也有可能使用不同的塑料材料。这通常是因为汽车制造厂更换了配件供应商,或者是改变了设计或生产工艺而致。

塑料件的修与换应从以下几个方面考虑:

(1) 对于燃油箱及要求严格的安全结构件,必须考虑更换。

(2) 整体破碎以更换为主。

(3) 价值较低、更换方便的零件应以更换为主。

(4) 应力集中部位,应以更换为主。

(5) 基础零件尺寸较大,受损以划痕、撕裂、擦伤或穿孔为主,这些零件拆装麻烦、更换成本高或无现货供应,应以修理为主。

(6) 表面无漆面的、不能使用氰基丙烯酸酯黏结法修理的、且表面光洁度要求较高的塑料零件,由于修理处会留下明显的痕迹,一般考虑更换。

四、机械类零件的修与换

1. 悬架系统、转向系统零件

汽车悬架系统中的任何零件是不允许用校正的方法进行修理的,当车轮定位仪器检测出车轮定位不合格时,用肉眼和一般量具无法判断出具体损伤和变形的零部件,不要轻易做出更换悬架系统中某个零件的决定。

悬架系统与车轮定位的关系为:对非承载式车身而言,正确的车轮定位的前提是正确的车架形状和尺寸;对承载式车身而言,正确的车轮定位的前提是正确的车身定位尺寸。车身定位尺寸的允许偏差一般在 1~3mm。

车轮外倾、主销内倾、主销后倾等参数都与车身定位尺寸密切相关。如果数据不对,首先分析是否因碰撞造成,由于碰撞事故不可能造成轮胎的不均匀磨损,可通过检查轮胎的磨损是否均匀,初步判断事故前的车轮定位情况。再检查车身定位尺寸,相关定位尺寸正确后,做车轮定位检测。如果此时车轮定位检测仍不合格,再根据其结构、维修手册判断具体的损伤部件,逐一更换、检测,直至损伤部件确认为止。上述过程通常是一个非常复杂而烦琐的过程,又是一个技术含量较高的工作,由于悬架系统中的零件都属于安全部件,价格较高,鉴定评估工作切不可轻率马虎。

转向机构中的零件也有类似问题。

2. 铸造基础件

发动机缸体、变速器、主减速和差速器的壳体往往用球墨铸铁或铝合金铸造而成。在遭受冲击载荷时,常常会造成固定支脚的断裂,而球墨铸铁或铝合金铸件都是可以焊接的。

一般情况,对发动机缸体、变速器、主减速和差速器壳体的断裂是可以通过焊接修复的。当然,不论是球墨铸铁或铝合金铸件,焊接都会造成变形。这种变形通常用肉眼看不出来,如果焊接部位附近对形状尺寸要求较高,如在发动机汽缸壁、变速器、主减速和差速器的轴承座附近产生断裂,用焊接的方法修复常常是行不通的,一般应考虑更换。

五、电器件的修与换

有些电器件在遭受碰撞后,虽然外观没有损伤,然而"症状"却是"坏了",这一般都是真的"坏了",一定要认真检查。

如果电路过载或短路就会出现大电流,导致导线发热、绝缘损伤,可能会酿成火灾。因此,电路中必须设置保护装置。熔断器、熔丝链、大限流熔断器和断路器都是过载保护装置,它们可单独使用,也可配合使用。碰撞会造成系统过载,熔断器、熔丝链、大限流熔断器和断路器等会因过载而停止工作,出现断路,"症状"就是"坏了"。

六、橡胶及纺织品的修与换

汽车上的纺织品、橡胶很多(如内饰、坐垫、轮胎等)。发生碰撞时,纺织品的损坏形式一般是漏油污染、起火燃烧、撕裂等。只要纺织品受到损坏,一般需更换,个别污染不太严重的,可通过清洗等方式予以恢复。

橡胶具有良好的耐磨性、柔性、不透水性、不透气性及电绝缘性等,主要用作轮胎、垫圈、地板等,起到耐磨、缓冲、防尘、密封等作用。汽车上的橡胶制品损坏形式一般为老化、破损、烧损等。损坏后,无法修复或没有修复价值的,只能更换。

第四节　汽车碰撞损失项目确定

一、车身及附件

1. 前、后保险杠及附件

保险杠主要起装饰及初步吸收前部、后部碰撞能量的作用,大多用塑料制成。对于用热塑性塑料制成、价格昂贵、表面烤漆的保险杠,如破损不多,可焊接。

保险杠饰条破损后以换为主。

保险杠使用内衬的多为中高档轿车,常为泡沫制成,一般可重复使用。

对于铁质保险杠骨架,轻度碰撞常采用钣金修复,价值较低的或中度以上的碰撞常采用更换的方法。铝合金的保险杠骨架修复难度较大,中度以上的碰撞多以更换为主。

保险杠支架多为铁质,一般价格较低,轻度碰撞常用钣金修复,中度以上碰撞多为更换。

保险杠灯多为转向信号灯和雾灯,表面破损后多更换,对于价格较高的雾灯,若只损坏少数支撑部位的,常用焊接和粘接修理的方法予以修复。

2. 前格栅及附件

前护栅及附件由饰条、铭牌等组成,破损后多以更换为主。

3. 玻璃及附件

风窗玻璃因撞击而损坏时基本以更换为主。前风窗玻璃胶条有密封式和粘贴式,密封式无须更换胶条,粘贴式必须同时更换。粘贴在前风窗玻璃上的内视镜,破损后一般更换。

需注意的是,后风窗玻璃为带加热除霜的钢化玻璃,价格可能较高。有些汽车的前风窗玻璃带有自动灯光和自动刮水功能,价格也会偏高。

对车窗玻璃、天窗玻璃,破碎时,一般需更换。

4. 照明及信号灯

现代汽车灯具的表面多由聚碳酸酯或玻璃制成,常见损坏形式有:调节螺钉损坏,需更换,并重新调光。

表面用玻璃制成的,破损后如有玻璃灯片供应的,可考虑更换玻璃灯片;若整体式的结构,只能更换总成;若只是有划痕,可以考虑通过抛光去除划痕;对于疝气前照灯,需要注意更换前照灯时,疝气发生器是无须更换的;价格昂贵的前照灯,只是支撑部位局部破损的,可采取塑料焊接法修复。

5. 发动机舱盖及附件

轿车发动机舱盖绝大多数采用冷轧钢板冲压而成,少数高档轿车采用铝合金板冲压而成。冷轧钢板在遭受撞击后常见的损伤有变形、破损,铁质发动机舱盖是否需更换主要依据变形的冷作硬化程度及基本几何形状程度,冷作硬化程度较少、几何形状程度较好的发动机舱盖常采用钣金修理法修复,反之则更换。铝合金质发动机舱盖通常产生较大的塑性变形需更换。

发动机舱盖锁遭受碰撞变形、破损以更换为主。

发动机舱盖铰链碰撞后会变形,以更换为主。

发动机舱盖撑杆有铁质撑杆和液压撑杆两种,铁质撑杆基本上可校正修复,液压撑杆撞击变形后以更换为主。

发动机舱盖拉线在轻度碰撞后一般不会损坏,碰撞严重会造成折断,应更换。

6. 梁类零件

汽车上的梁类结构件一般采用锻造等方式加工而成,如汽车前纵梁、前横梁、后纵梁、车顶纵梁、车顶横梁、车架等。

发生碰撞、翻滚、倾覆等故障后,容易造成扭曲、弯曲、变形、折断等,直接影响了汽车的使用,可以通过整形、焊接的方式恢复其变形,损坏严重的需要更换。

7. 前翼子板

前翼子板的损伤没有达到必须将其从车上拆下来才能修复的程度,如整体形状还在,只是中间局部凹陷,一般不考虑更换。损伤程度达到必须将其从车上拆下来才能修复,并且前翼子板的材料价格低廉、供应流畅,材料价格达到或接近整形修复的工时费,才考虑更换。

如果每米长度超过3个折曲、破裂变形,或已无基准形状,应考虑更换(一般来说,当每米折曲、破裂变形超过3个时,整形和热处理后很难恢复其尺寸)。如果每米长度不足3个折曲、破裂变形,且基准形状还在,应考虑整形修复。如果修复工时费明显小于更换费用,应考虑以修复为主。

前翼子板的附件有饰条、砾石板等。饰条损伤后以更换为主,即使未被撞击,也常因钣金整形翼子板需拆卸饰条,拆下后就必须更换;砾石板因价格较低撞击破损后一般更换即可。

8. 车门

如果门框产生塑性变形，一般无法修复，应考虑更换。许多车的车门面板是作为单独零件供应的，损坏后可单独更换，不必更换总成。其他同前翼子板。

车门防擦饰条碰撞变形后应更换，车门变形后，需将防擦饰条拆下整形。多数防擦饰条为自干胶式，拆下后重新粘贴上不牢固，用其他胶粘贴影响美观，应更换。门框产生塑性变形后，一般不好整修，应考虑更换。门锁及锁芯在严重撞击后会产生损坏，一般以更换为主。后视镜镜体破损以更换为主，对于镜片破损，有些高档轿车的镜片可单独供应，可以通过更换镜片修复。玻璃升降机是碰撞中经常损坏的部件，玻璃导轨、玻璃托架也是经常损坏的部件，碰撞变形后一般都要更换。

9. 柱类零件

货车的驾驶室、客车的车身一般都有立柱。在轿车车身上，左右侧自前至后均有三个立柱，依次为前柱（A 柱）、中柱（B 柱）、后柱（C 柱），它们除了起支撑作用外，也起到门框的作用。

汽车的柱类结构件在发生碰撞、翻滚、倾覆等故障时，一般会发生扭曲、弯曲、变形、折断等，直接影响汽车的美观和使用，必须立即修复。修复时可以采用整形、焊接等方式使其外形恢复，损坏严重的需要更换。

10. 后翼子板

三厢车后翼子板属于不可拆卸件，由于更换它需从车身上将其切割下来，而国内绝大多数汽车维修厂在切割和焊接方面满足不了制造厂提出的工艺要求，从而造成车身新的损伤。所以，后翼子板只要有修理的可能都应修复，而不应像前翼子板一样存在值不值得修的问题。

11. 行李舱盖

行李舱盖大多用冲压成形的冷轧钢板经翻边胶粘制成。判断其是否碰撞损伤变形，应看是否要将两层分开修理。如不需分开，则不应考虑更换；若需分开整形修理，应首先考虑工时费与辅料费之和与其价值的关系，如果工时费加辅料费接近或超过其价值，则应考虑更换。反之，则考虑修复。行李舱工具盒在碰撞中时常破损，评估时不要遗漏。后轮罩内饰、左侧内饰板、右侧内饰板等在碰撞中一般不会损坏。其他部位同车门。

12. 后搁板及饰件

后搁板碰撞后基本上都能整形修复，严重时应更换。后搁板面板用毛毡制成，一般不用更换。后墙盖板也很少破损，如果损坏则以更换为主。高位制动灯的损坏按前照灯方法处理。

13. 仪表板

因正面或侧面撞击常造成仪表板整体变形、皱折和固定爪破损。整体变形在弹性限度内，待骨架校正后重新装回即可。皱折影响美观，对美观要求较高的新车或高级车最好更换。因仪表板价格较贵，老旧车型更换意义不大。少数固定爪破损常以焊修为主，多数固定爪破损以更换为主。

左右出风口常在侧面撞击时破碎，右出风口也常因二次碰撞被副驾驶员右手支承时压坏。

左右饰框常在侧面碰撞时破损,严重的正面碰撞也会造成支爪断裂,以更换为主。

杂物箱常因二次碰撞被副驾驶膝盖撞破,一般以更换为主。

严重的碰撞会造成车身底板变形,车身底板变形后会造成过道罩破裂,以更换为主。

二、发动机

1. 铸造基础件

发动机缸体大多是用球墨铸铁或铝合金铸造。受到冲击载荷时,常常会造成固定支脚的断裂,而球墨铸铁或铝合金铸件都是可以焊接的。

一般情况下,对发动机缸体的断裂是可以进行焊接的。当然,不论是球墨铸铁或铝合金铸件,焊接都会造成其变形。这种变形通常用肉眼看不出来,当焊接部位附近对形状尺寸要求较高,如在发动机汽缸壁附近产生断裂,用焊接的方法修复常常是行不通的,一般应考虑更换。

2. 发动机附件

正时轮及附件因撞击破损和变形以更换为主。油底壳轻度变形一般无须修理,放油螺栓处碰伤至中度以上的变形以更换为主。发动机支架及胶垫因撞击变形、破损以更换为主。进气系统因撞击破损和变形以更换为主。排气系统中最常见的撞击损伤形式为发动机移位造成排气管变形。由于排气管长期在高温下工作,氧化严重,通常无法整修。消声器吊耳因变形超过弹性极限破损,也是常见的损坏现象,应更换。

3. 水箱及附件

铝合金水箱修与换的掌握,与汽车的档次相关。中低档车的水箱一般价格较低,中度以上损伤一般可更换;高档车的水箱价格较贵,中度以下损伤常可采用亚弧焊修复。但水室破损后,一般需更换,而水室在遭受撞击后最易破损,水管破损应更换。水泵皮带轮变形后通常以更换为主。轻度风扇护罩变形一般以整形校正为主,严重变形需更换。主动风扇与从动风扇的损坏常为叶片破碎,由于扇叶做成了不可拆卸式,破碎后需要更换总成。风扇皮带在碰撞后一般不会损坏,即使正常使用也会磨损,拆下后如需更换,应确定是否系碰撞所致。

散热器框架根据"弯曲变形整修,折曲变形更换"的基本维修原则,考虑到散热器框架形状复杂,轻度变形时可以钣金修复,中度以上的变形往往不易修复,只能更换。

三、底盘

1. 铸造基础件

变速器、主减速和差速器的壳体往往用球墨铸铁或铝合金铸造。受到冲击载荷时,常常会造成固定支脚的断裂,而球墨铸铁或铝合金铸件都是可以焊接的。

变速器、主减速和差速器的壳体断裂可以焊接。但焊接会造成壳体的变形,这种变形虽然用肉眼看不出来,但会影响尺寸精度,若在变速器、主减速和差速器等的轴承座附近产生断裂,用焊接的方法修复常常是行不通的,一般应考虑更换。

2. 变速器及传动轴

变速器损坏后,内部机件基本都可独立更换,对齿轮、同步器、轴承等的鉴定,碰撞后只有断裂、掉齿才属于保险责任,正常磨损不属于保险责任,在评估中要注意界定和区分。从事故角度来看,变速器的损失主要是托底,其他类型的损失极小。

变速操纵系统遭撞击变形后,轻度的常以整修修复为主,中度以上的以更换为主。

中低档轿车多为前轮驱动,碰撞常会造成外侧等角速万向节破损,需更换。有时还会造成半轴弯曲,也以更换为主。

万向传动装置零部件损坏修复及更换标准:

(1)传统式传动轴。

传动轴一般采用薄壁管式高强度无缝钢管制作。对于传动轴弯曲变形或凹陷造成的损坏,必须更换。轻微变形可进行校正修复,但修复后的传动轴,切记不能直接装配,必须要进行动平衡检测。经动平衡检测无误后,方可安装。如果当地汽车维修企业无传动轴动平衡检测设备,应更换传动轴。

(2)球笼式等速万向节传动轴。

球笼式等速万向节传动轴在转向驱动桥中又名半轴,只要发生变形,应更换。

(3)普通万向节。

事故车辆普通万向节无论何种损坏形式,只要损坏即无法修复,只能更换。

(4)球笼式等速万向节。

前轮驱动轿车均采用球笼式等速万向节结构。当前轮发生较重的撞击,造成球笼损坏一般只是外球笼,内球笼一般不会损坏,外球笼损坏可单独更换(如捷达轿车),大多数轿车完全可以单独更换外球笼。除非非常严重的撞击,才有可能使内球笼同时损坏。在一般车辆撞击事故中,定损时必须要认真检查,不能盲目将内、外球笼同时更换,球笼只要损坏,使无法修复,应更换。

3.前悬架及转向系统零件

承载式车身的悬架座属于结构件,按结构件方法处理。

前悬架系统及相关部件,如悬架臂、转向节、稳定杆、发动机托架均为安全部件,变形后均应更换。减振器主要鉴定是否在碰撞前已损坏。减振器是易损件,正常使用到一定程度后会漏油,如果外表已有油泥,说明在碰撞前已损坏;如果外表无油迹,碰撞造成弯曲变形,应更换。

4.后桥及悬架

后桥按副车架方法处理,后悬架按前悬架方法处理。

5.车轮

轮辋遭撞击后以变形损伤为主,应更换。轮胎遭撞击后会出现爆胎,应更换。轮罩遭撞击后常会产生破损,应更换。

四、电器设备

汽车上的电器设备品种繁多,评估时应该根据相关件的特点以及可能遭遇到的情况,分门别类地进行。汽车电器设备包括电源部分和用电部分,电源部分有蓄电池、发电机和调节器,用电部分有起动机、点火系统、照明装置和辅助设备等。车辆碰撞时如果直接撞击电器设备零件,则会造成电器零件壳体变形、断裂等直接损坏。

1.蓄电池

蓄电池的损坏多以壳体四个侧面破裂为主,应更换。汽车蓄电池一般安装在发动机舱里、驾驶员座位下或车架纵梁外侧。当蓄电池直接受撞击时有可能造成如下损坏：

（1）蓄电池外壳产生裂纹或破裂，致使电解液溢出。定损时，根据裂缝的部位和程度，确定对壳体进行修补或单独更换外壳。

（2）连接板断裂，可进行焊接。

（3）极柱折断，可将折断处清洁干净，重新焊修。

（4）极板组因碰撞而变形，活性物质脱落，可更换单格极板组。

2. 发电机

发电机常见撞击损伤为皮带轮、散热叶轮变形，壳体破损，转子轴弯曲变形等。皮带轮变形应更换，散热叶轮变形可校正，壳体破损、转子轴弯曲以更换发电机总成为主。

发电机一般安装在发动机机体前部的侧面，当车辆发生碰撞时容易造成发电机以下损坏：

（1）发电机皮带盘破裂或变形，一般应予更换。

（2）发电机外壳破裂，一般应予更换。

（3）电枢轴因碰撞弯曲，可进行校正处理。

（4）前、后端盖支臂螺孔处断裂，可进行修焊处理。

3. 起动机

起动机安装在发动机后侧飞轮壳上，一般事故不会使其受损，只有当车辆严重碰撞造成飞轮壳受损或起动机本身遭直接撞击时，才可能使起动机部分零件造成以下损坏：

（1）驱动机构的驱动齿轮变形、牙齿断裂，更换驱动齿轮。

（2）后端盖因碰撞断裂，应更换。

（3）电枢轴弯曲，可进行校正处理。

（4）起动开关变形损坏。可根据损坏程度确定是否需要更换总成，电磁式起动机开关若碰撞凹陷，可导致内部线圈短路，一般应更换开关总成。

（5）推动离合机构的传动叉因碰撞变形，可拆下校正。

4. 照明装置

照明装置(灯具)在碰撞中首当其冲极易损坏。对灯罩破裂的，如有灯罩配件可更换灯罩，无灯罩但有半总成的可更换半总成。灯具底座(或称后壳)破裂的，可采取塑焊修补方法处理。

5. 仪表类

一旦碰撞导致仪表损坏或者怀疑损坏，由于一般的修理厂都没有检测的手段，并且仪表也不容易检测，因此，只要发现有明显的损伤、破损，都应该予以更换。

更换时，假如是可以单独更换的仪表，要注意不去更换总成；但若遇到某些整个仪表都安装在一体的仪表台破损，只好更换整个仪表台。

需要注意的是，在检测仪表的工作状态以判别其是否损坏时，不能单纯看仪表自身是否有所反应，还要充分注意相关传感器工作是否正常、线路中的保险是否没有断路、开关工作是否灵敏。

6. 音响设备

在比较大的碰撞事故中，收音机、DVD或CD一般会有所损坏，但损失一般不大，只是损坏旋钮、面板等。汽车音响设备在各地都有特约维修，可以定点选择维修点，同时对损坏设备可以商定零部件的换修价格,而不是一律都交给汽车修理厂去"更新"。一般说来,收音机、DVD或CD的修理价格都在新件的15%~40%。

7. 汽车ECU

汽车ECU价值较高,设计时充分考虑了其防振、防撞性能,一般的碰撞不会导致损坏。假如怀疑ECU损坏,可以采用"比较法"判别,即:①在其他所有零部件均不改变的前提下,将库存的新ECU装到车上,看是否可以恢复正常工作;②将怀疑损坏了的ECU装到同类型的其他车上,看是否可以正常工作。假如通过比较,发现ECU确实损坏,再做更换。

8. 安全气囊

安全气囊遭到撞击损伤后,从安全角度出发应该更换。安装有安全气囊系统的汽车,驾驶员气囊都安装在转向盘上,当气囊因碰撞引爆后,不仅要更换气囊,通常还要更换气囊传感器与控制模块等。需要注意的是,有些车型的碰撞传感器是与SRS/ECU装在一体的,要避免维修厂重复报价。安全气囊系统的控制电脑,假如发生气囊爆开的碰撞故障,一般需要更换电脑,以免在以后的碰撞事故中,万一气囊没有打开造成乘员受伤,引发法律诉讼。

9. 空调系统

空调冷凝器采用铝合金制成。中低档车的冷凝器一般价格较低,中度以上损伤一般可更换;高档车的冷凝器价格较贵,中度以下损伤常可采用亚弧焊修复。储液罐因碰撞变形一般以更换为主。如果系统在碰撞中以开口状态暴露于潮湿的空气中时间较长,则应更换干燥器,否则会造成空调系统工作时的"冰堵"。压缩机因碰撞造成的损伤有壳体破裂、皮带轮、离合器变形等,壳体破裂一般更换,皮带轮变形、离合器变形一般也更换。空调管有多根,损伤的空调管一定要注明是哪一根;汽车空调管有铝管和胶管两种,铝管常见的碰撞损伤有变形、折弯、断裂等,变形后一般校正;价格较低的空调管折弯、断裂时一般更换;价格较高的空调管折弯、断裂时一般采取截去折弯、断裂处,再接一节用亚弧焊接的方法修复。破损的胶管一般更换。

空调蒸发箱大多用热塑性塑料制成,常见损伤多为箱体破损。局部破损可用塑料焊修复,严重破损一般需更换,决定更换时一定要考虑有无壳体单独更换。蒸发器换与修基本同于冷凝器,节流阀因碰撞损坏的可能性极小。

10. 电器设备保护装置

有些电器件在遭受碰撞后,外观虽无损伤,却停止工作,表明"坏了",其实这有可能是假象。如果电路过载或短路会出现大电流,导致导线发热、绝缘损伤,可能酿成火灾。因此,电路中必须设置保护装置。熔断器、熔丝链、大限流熔断器和断路器都是过流保护装置,它们可单独使用,也可配合使用。碰撞会造成系统过载,相关保护装置会因过载而停止工作,出现断路,导致相关电器装置无法工作。此时只需更换相关的熔断器、熔丝链、大限流熔断器和断路器等即可,无须更换相连的电器件。

第五节 汽车水灾损失分析

一、汽车水灾损失影响因素

1. 水的种类

评估水淹汽车损失时,通常将水分为淡水和海水。同时,还应该对水的混浊情况进行认真了解。多数水淹损失中的水为雨水和山洪形成的泥水,但也有由于下水道倒灌而形成的浊水,这种城市下水道溢出的浊水中含有油、酸性物质和各种异物。油、酸性物质和其他异物对汽车的损伤各不相同,必须在现场查勘时仔细检查,并作准确记录。

2. 确定水灾时汽车状态

水灾损失时汽车处于行驶状态还是处于停置状态,这是区别是不是保险责任的主要前提。若汽车是处于停置状态损失,此时发动机不运转,如果发动机内部机件产生机械性损伤,如连杆打弯、活塞打碎,则可以认定为施救措施不当,使水灾造成的损失扩大。若汽车处于行驶状态,如果水位低于发动机进气口,通常不会造成发动机损伤,但这不是绝对的,由于水是液体,受到一定的挠动会产生波浪。其他汽车的行驶也会造成水面高低变化,甚至会造成水花飞溅,飞溅的水花也会被其他汽车吸入汽缸,造成发动机机件严重受损。例如下雨天,路面积水,前车会激起水花,后车超越前车时,可能会将前车激起的水花吸入汽缸。

3. 水淹高度

水淹高度是确定水损程度非常重要的参数,水淹高度通常不以高度作为计量单位,而是以汽车上重要的具体位置作为参数,以轿车为例,水淹高度通常分为6级:

1级——制动盘和制动毂下沿以上,车身地板以下,乘员舱未进水;
2级——车身地板以上,乘员舱进水,而水面在驾驶员座椅坐垫以下;
3级——乘员舱进水,水面在驾驶员座椅坐垫面以上,仪表工作台以下;
4级——乘员舱进水,水面在仪表工作台中部;
5级——乘员舱进水,水面在仪表工作台面以上,顶栅以下;
6级——水面超过车顶,汽车被淹没顶部。

4. 水淹时间

水淹时间(t)的长短对汽车所造成的损伤差异很大。水淹时间以小时为单位,通常分为6级:

1级——$t \leqslant 1h$;
2级——$1 < t \leqslant 4h$;
3级——$4 < t \leqslant 12h$;
4级——$12 < t \leqslant 24h$;
5级——$24 < t \leqslant 48h$;
6级——$t > 48h$。

二、汽车水灾损失评估

1. 汽车静态进水损失分析

汽车在停放过程中被暴雨或洪水侵入甚至淹没的情况属于静态进水,如图4-17所示为停车场被淹图,属于典型的静态进水。

汽车在静态条件下,如果车内进水,会造成内饰、电路、空气滤清器、排气管等部位受损,有时发动机汽缸内也会进水。在这种情况下,即使发动机不起动,也可能会造成内饰浸水、电路短路、ECU芯片损坏,空气滤清器、排气管和发动机泡水锈蚀等损失。对于采用电喷发动机的汽车来说,一旦电路遇水,极有可能导致线路短路,造成整车无法起动;如果发动机被强行起动,极有可能导致严重损坏。就机械部分而言,汽车被水泡过之后,进入发动机的水

分在高温作用下,会使内部的运动机件锈蚀加剧,当进气吸水过久时,机件容易变形,严重时会导致发动机报废。另外,汽车进水后,内饰容易发霉、变质。如不及时清理,天气炎热时会出现异味。

水淹高度的不同,车辆可能带来的损失也不一样,主要区别如下:

图4-17 停车场被淹图

(1)水淹高度为1级时的损失评估。

当汽车的水淹高度为1级时,可能造成的受损零部件主要是制动盘和制动毂。损坏形式主要为生锈,生锈的程度主要取决于水淹时间的长短以及水质。通常情况下,无论制动盘和制动毂的生锈程度如何,所采取的补救措施主要是四轮的维护。因此,当汽车的被淹高度为1级,被淹时间也为1级时,通常不计损失;被淹时间为2级或2级以上时,水淹时间对损失金额的影响也不大,损失率通常为0.1%左右。

(2)水淹高度为2级时的损失评估。

当汽车的水淹高度为2级时,除造成1级水淹高度时所造成的损失以外,还会造成以下损失:四轮轴承进水;全车悬架下部连接处因进水而生锈;配有ABS汽车的轮速传感器磁通量传感失准;地板进水后车身地板如果防腐层和油漆层本身有损伤就会造成锈蚀;少数汽车将一些控制模块置于地板上的凹槽内(如上海大众帕萨特B5),会造成一些控制模块损毁(如果水淹时间过长,被淹的控制模块有可能彻底失效)。损失率通常为0.5%~2.5%。

(3)水淹高度为3级时的损失评估。

当汽车的水淹高度为3级时,除造成2级水淹高度所造成的损失以外,还会造成以下损失:座椅潮湿和污染;部分内饰的潮湿和污染;真皮座椅和真皮内饰损伤严重。一般说来,水淹时间超过24h以后,还会造成:桃木内饰板分层开裂;车门电机进水;变速器、主减速器及差速器可能进水;部分控制模块被水淹;起动机被水淹;中高档车行李舱中CD换片机、音响功放被水淹。损失率通常为1.0%~5.0%。

(4)水淹高度为4级时的损失评估。

当汽车的水淹高度为4级时,除造成3级高度所造成的损失以外,还可能造成以下损失:发动机进水;仪表板中部分音响控制设备、CD机、空调控制面板受损;蓄电池放电、进水;大部分座椅及内饰被水淹;音响的喇叭全损;各种继电器、熔断器盒可能进水;所有控制模块被水淹。损失率通常为3.0%~15.0%。

(5)水淹高度为5级时的损失评估。

当汽车的水淹高度为5级时,除造成4级高度所造成的损失以外,还可能造成以下损失:全部电器装置被水泡;发动机严重进水;离合器、变速器、后桥可能进水;绝大部分内饰被泡;车架大部分被泡。损失率通常为10.0%~30.0%。

(6)水淹高度为6级时的损失评估。

当汽车的水淹高度为6级时,汽车所有零部件都受到损失。损失率通常为25.0%~60.0%。

2.汽车动态进水损坏分析

汽车在行驶过程中,发动机汽缸因吸入水而使汽车熄火,或在强行涉水未果、发动机熄火后被水淹没,这样的情况称为动态进水。

汽车在动态条件下,由于发动机仍在运转,汽缸内因吸入了水会迫使发动机熄火。

在这种情况下,除了静态条件下可能造成的全部损失外,还有可能导致发动机的直接损坏。

如果汽车进了水,水就有可能通过进气门进入汽缸,这会导致在发动机的压缩行程中,活塞在上行压缩时,所遇到的不再只是混合气,还有水,而由于水是不可压缩的,那么曲轴和连杆所承受的负荷就要极大地增加,有可能造成弯曲,在随后的持续运转过程中就有可能导致进一步的弯曲、断裂,甚至捣坏汽缸。

需要说明的是,同样是动态条件下的损坏,由于发动机转速高低不同、车速快慢不等、发动机进气管口安装位置不一、吸入水量多少不一样等,所造成的损坏程度自然也就有所不同。图4-18所示为一组进水后拆解的捷达乘用车连杆组,其中,四缸活塞折断,三缸活塞弯曲,一缸、二缸活塞目测似乎没有受到影响。

图4-18 进水后拆解的捷达乘用车连杆组

如果发动机在较高转速条件下直接吸入了水,完全有可能导致连杆折断、活塞破碎、气门弯曲、缸体被严重捣坏等故障。有时候,发动机因进水导致自然熄火,机件经清洗后可以继续使用,但有个别的汽车经一段时间的使用后,造成连杆折断拍坏缸体,这是因为当时的进水导致连杆轻弯曲,为日后的故障留下了隐患。发动机捣缸的修理费用往往是十分昂贵的。

第六节 汽车火灾损失分析

一、汽车火灾原因及分类

1. 火灾原因

随着汽车数量的增加,汽车火灾事故呈现上升的趋势。汽车火灾是道路交通事故中最为严重的事故之一,不仅会造成严重的经济损失,还会危及人们的生命安全。

(1)汽车电气系统火灾。

汽车电气火灾通常是指因电气系统故障引发的汽车火灾,即由于汽车自身的电气线路和电气设备等发生故障而引发的汽车火灾。由于汽车电气系统十分复杂,各系统、装置发生故障的原因各不相同,所以引发火灾的原因也多种多样。因电气故障引发汽车火灾的原因主要有汽车电气线路接触不良、过载和漏电、短路等。

(2)油品泄漏火灾。

汽车是一个复杂的系统,包含油路、电路、气路以及多种机械结构。汽车除了本身提供动力所需要的汽油(柴油)外,还要使用润滑油、助力转向油、制动油、自动变速器油(ATF)等,这些油品都具有很高的火灾危险性。国外统计资料表明,油品泄漏造成的火灾起数占所有汽车火灾起数的近一半。

(3)排气系统火灾。

汽车的高温排气管是汽车火灾中的主要着火源,造成的火灾很多,但往往不被人们重视。

(4)汽车碰撞引起火灾。

汽车在互相碰撞或滚落路面外与地面碰撞时,有时候会突然起火燃烧。产生汽车火灾的3个条件为:产生起火源,提供可燃物,起火源与可燃物相结合。但是,为了探明汽车火灾发生的原因,首先必须验证上述3个条件是否成立。例如,剧烈追尾的汽车起火时,起火源是追尾汽车破裂的前照灯,可燃物则是从被追尾车受损的油箱内泄漏出的汽油。

2. 火灾分类

火灾对车辆损坏一般分为整体燃烧和局部燃烧。

(1)整体燃烧。

整体燃烧是指:机舱内线路、电器、发动机附件、仪表板、内装饰件、座椅烧损,机械件壳体烧融变形,车体金属(钣金件)件脱炭(材质内部结构发生变化),表面漆层大面积烧损,该情况下的汽车损坏通常非常严重。

(2)局部烧毁。

局部烧毁分三种情况:

①机舱着火造成发动机前部线路、发动机附件、部分电器、塑料件烧损。

②轿壳或驾驶室着火,造成仪表板、部分电器、装饰件烧损。

③货运车辆货箱内着火。

二、汽车火灾损失评估

火灾损失的检测步骤如下:

(1)对明显烧损的进行分类登记。

(2)对机械件(特别是转向、制动、传动部分的密封橡胶件)应进行测试、拆解检查。

(3)对金属件(特别是车架、前、后桥、壳体类)考虑是否因燃烧而退火、变形。

(4)对于因火灾使车辆遭受损害的,拆解检查工作量很大,且检查、维修工期较长,一般很难在短时期内拿出准确估价单,只能是边检查边定损,反复进行。

三、汽车火灾损失评估

汽车起火燃烧以后,其损失评估的难度相对较大。

如果汽车的起火燃烧被及时扑灭了,可能只导致一些局部的损失,损失范围也只是局限在过火部分的车体油漆、相关的导线及非金属管路、过火部分的汽车内饰。只要参照相关部件的市场价格,并考虑相应的工时费,即可确定出损失的金额。

如果汽车的起火燃烧持续了一段时间之后才被扑灭,虽然没有对整车造成毁灭性的破坏,但也可能造成比较严重的损伤。凡被火"光顾"过的车身的外壳、汽车轮胎、导线线束、相关管路、汽车内饰、仪器仪表、塑料制品、外露件的美化装饰等可能都会报废,定损时需考虑到相关需更换件的市场价格、工时费用的。

如果起火燃烧程度严重,外壳、汽车轮胎、导线线束、相关管路、汽车内饰、仪器仪表、塑料制品、外露件的美化装饰等肯定会被完全烧毁。部分零部件,如控制电脑、传感器、铝合金铸造件等,可能会被烧化,失去任何使用价值。一些看似"坚固"的基础件,如发动机、变速器、离合器、车架、悬架、车轮轮毂、前桥、后桥等,在长时间的高温烘烤作用下,会因"退火"而失去应有的精度,无法继续使用,此时,汽车离完全报废的距离已经很近了。

第七节 工时费、涂饰费计算

一、工时费确定

工时费的计算方式是:

$$工时费 = 工时定额 \times 工时单价 \qquad (4-1)$$

式中:工时定额——实际维修作业项目核定的结算工时数;

工时单价——在生产过程中单位小时的收费标准。

对于事故车的估损,不同企业的工时单价不同。参照《四川省机动车维修工时定额标准》中汽车维修工时单价标准:一类维修企业每工时 50 元,二类维修企业每工时 46 元,三类维修企业每工时 42 元,其中维修工时单价不含辅料费,具体的汽车维修行业工时单价见表 4-1。

某地汽车维修行业工时单价　　　　　表 4-1

类　　别	工时单价(元)	范　围	备　注
一类维修企业	50	各工种	不含辅料费
二类维修企业	46	各工种	不含辅料费
三类维修企业	42	专项修理、摩托车维修	不含辅料费

对于事故车的估损,工时定额一般有以下几个来源,可供估损员参考:

(1)对于部分进口乘用车,可以查阅该车型的《碰撞估损指南》,如 MITCHELL 公司和 MOTOR 公司编写的《碰撞估损指南》,不仅提供了各总成的拆装和更换工时,部分总成还提供了大修工时,并且考虑到了各部件之间的重叠工时,是比较适用的估损工具。

(2)对国产车型和部分进口车型,可以参照各车型主机厂的《工时手册》和《零件手册》中各个项目的工时,然后累加即可。但要注意剔除重叠的工时部分。

(3)如果没有《工时手册》和《零件手册》或手册中没有列出相应工时,则可参考各地汽车维修主管部门制定的《汽车维修工时定额与收费标准》。工时单价一般随着地域、修理厂类别、工种的不同而不同。

根据修理作业的不同,工时可分为五项:拆装和更换工时、修理工时、钣金工时、辅助工时、涂饰费。

拆装和更换工时是指把损坏的零件或总成从车上拆下来,拆下该零件上的螺栓安装件或卡装件,把他们并转移到新件上,然后再把这个新零件或总成安装到车辆上,并调整和对齐所需的工时。有时,拆装还包括一些没有损伤的零部件或总成,由于结构的原因,当维修人员更换、修复、检验其他部件时,需要拆下该零部件或总成,并在完成相关作业后再重新装回。所以,此时要求评估人员对被评估汽车的结构非常清楚,对汽车修理工艺了如指掌。

维修工时是指对某些零部件或总成进行分解、检查、测量、调整、诊断、故障排除、重新组装等操作所需要的工时。修理工时的确定非常复杂,零部件价格的不同、地域的不同、修理工艺的不同等都可能造成修理工时的不同。

钣金工时与汽车的档次直接相关。对于完全相同的一个部位,如果发生在低档车上,由于技术水平要求低,可能所需要的工时不是太高,假如发生在高档车上,则由于技术要求高,所花费的时间、精力以及所要求的技术水平均高,所需要的工时也就自然要高。

辅助工时的确定通常包括:把待修汽车安放到修理设备上并进行故障诊断所需要的工时;用推拉、切割等方式拆卸撞坏的零部件所需要的工时;相关零部件的矫正与调整所需要的工时;去除内漆层、沥青、油脂及类似物质所需要的工时;修理生锈或腐蚀的零部件所需要的工时;松动锈死或卡滞的零部件所需要的工时;检查悬架系统和转向系统的定位所需要的工时;拆去破碎的玻璃所需要的工时;更换防腐蚀材料所需要的工时;修理作业中当温度超过60℃时,拆装主要电脑模块所需要的工时;拆卸及装回车轮和轮毂罩所需要的工时。虽然每项工时都不大,但对于较大的碰撞事故,各作业项累计工时通常是不能忽视的。

最后必须注意,将各类工时累加时,各损失项目在修理过程中有重叠作业项目时,必需考虑将劳动时间适度核减。

二、涂饰费确定

1. 按喷漆工时计算

喷漆工时来源包括:一是部分进口车型配有专业估损手册,规定了新更换件的喷涂工时、维修过的零件的喷涂工时等;二是查找该车型主机厂的《工时手册》或《零件手册》,一般也规定了各个主要板件或部件的喷漆工时;三是各地维修管理部门规定或推荐的工时。

2. 按喷漆面积计算

除按喷漆工时计算涂饰费用外,还可以按喷漆面积计算涂饰费用。尤其是对那些没有专业估损手册和主机厂的《工时手册》的车型,或虽有手册,但只是板件上的部分区域需要喷漆时,使用面积计算方法比较方便。此时,汽车涂饰费用取决于烤漆面积及漆种单价。

1)喷漆面积计算方法

烤漆面积的计算,并非利用数学方法简单计算其实际面积,而是采用实践经验法。下面列举两种计算方法,供业内人士参考。

方法一:计算单位按m^2,不足$1m^2$按$1m^2$计价,第$2m^2$按$0.9m^2$计算,第$3m^2$按$0.8m^2$计算,第$4m^2$按$0.7m^2$计算,第$5m^2$按$0.6m^2$计算,第$6m^2$以后,每m^2按$0.5m^2$计算。例如:某车需烤漆$7.9m^2$,计算结果为:烤漆面积 = 1 + 0.9 + 0.8 + 0.7 + 0.6 + 0.5 + 0.5 + 0.5 = $5.5m^2$。

方法二:烤漆面积不足$0.5m^2$,按$0.5m^2$计;大于$0.5m^2$不足$1m^2$,按$1m^2$计;大于$1m^2$小于$3m^2$,按实际面积计;大于$3m^2$小于$12m^2$,按实际面积的80%计;大于$12m^2$,按实际面积的70%计。

2)漆种单价

丙烯酸瓷漆与丙烯酸氨基瓷漆是汽车碰撞修理中常用的两种面漆材料,有各种漆色,包括纯色漆、金属漆和珠光漆等,其中丙烯酸氨基瓷漆与丙烯酸瓷漆相比,其硬度和耐久性更好一点。纯色漆中没有反光粉或云母片。金属漆中含有细小但可以看得见的铝粉或聚酯粉颗粒。珠光漆中含有非常细小的颜料颗粒,一般为闪光的云母粉,其光泽可以随视角不同而改变,又称其为变色漆。

另外,还有部分车的车身使用硝基漆作为面漆。但硝基漆是一种比较老式的漆,正逐渐被瓷漆替代。

硝基漆与瓷漆的不同点在于其干燥和固化的方式。硝基漆通过溶剂的挥发而干燥,瓷漆的干燥则通过溶剂的挥发与油漆中分子的交联作用来实现,简单地说,硝基漆的固化过程为物理变化,而瓷漆的固化过程是物理和化学变化的过程。

关于面漆种类的鉴别,可采用如下方法:用蘸有香蕉水的白布摩擦漆膜判断漆种。观察漆膜溶解程度,如漆膜溶解,并在白布上留下印迹,则是硝基漆,反之为瓷漆。如果是瓷漆再用600号的砂纸在损伤部位轻轻打磨几下,鉴别是否喷有透明漆层,如果砂纸磨出白灰,就是透明漆层,如果砂纸磨出颜色,就是单级有色漆层,最后借光线的变化,用肉眼看一看颜色有无变化,如果有变化为变色漆。

市场上所能购买的面漆大多为进口和合资品牌,世界主要汽车面漆的生产厂家,如美国的杜邦和PPG、英国的ICI、荷兰的新劲等,单价都不一样,估价时常采用市场公众都能够接受的价格。

单位面积的烤漆费用中包含材料费和工时费,而各地的工时费差别较大。

第八节 材料价格、修复价值和残值

一、材料价格

事故车辆的维修过程中,需要大量更换损坏且不能再使用的零配件,这就需要确定更换零配件的价格。

汽车配件价格信息的准确度对准确评估事故车辆维修费用具有举足轻重的影响。由于零配件生产厂家众多,市场上不但有原厂或正规厂家生产的零配件,而且还有许多小厂家生产的零配件,因此市场价格差异较大。另外,由于生产厂家的生产调整、市场供求变化、地域差别等多种原因也会造成零配件价格不稳定,处于波动状态,特别是进口汽车零部件缺乏统一的价格标准,其价格差异更大。因此,如何确定零部件价格,是困扰事故汽车评估的一大难题。

目前,各保险公司都建立了一个完整、准确、动态的询报价体系,如中国人民保险集团股份有限公司建立了独立的报价系统——《事故车辆定损系统》,使得估损人员在评估过程中能够争取主动,保证定出的零配件价格符合市场行情,大大加快了评估速度。而对一些特殊车型,报价系统中可能没有,则可采用与专业机构合作的方式或安排专人定期收集整理配件信息,掌握和了解配件市场行情变化情况,与各汽配商店及经济信息部门联系,以期取得各方面的配件信息。对高档车辆及更换配件价值较大的亦可与外地配件市场电话联系,并与当地配件价格比较(要避免在配件价格方面出入较大)。

二、修复价值

理论上讲,任何一辆损坏的汽车都是可以通过修理恢复到事故前状况的。但是,有时修复的做法往往是不经济的或没有意义的。

对于事故车辆,如果损失严重,要考虑是否具有修复价值:如果修复费用明显小于重置费用,完全有必要修复;修复费用接近重置费用甚至大于重置费用,一般说来就没有修复的必要了。有些事故中,可能事故本身导致的车辆损失不是非常严重,但其他损失比较高,如施救费用非常高,此时,事故车辆本身虽然具有修复价值,但考虑到过高的施救费用,通常会对车辆按全损评估,即按推定全损处理。

三、残值

残值是指事故车辆整体损伤严重,按全损处理后,对残余物的价值进行评估,或某些零部件、总成损伤严重,更换新的零部件、总成后,对原有零部件、总成的残余物部分进行价值评估。

保险条款一般规定汽车的残值按协商方式作价归被保险人所有,当保险公司与被保险人或修理厂协商残值价格时,保险公司为了提高效率和减少赔付,常常会做出一些让步,即在评估实务中评估单上的残值价值通常会低于整车或零部件残值的实际价值。

当事故造成的损失较大,更换件也较多,保险公司通常会要求确定残值,残值的确定步骤如下:①列出欲更换项目的清单;②将被更换的旧件分类;③估定各类旧件的重量;④根据旧材料价格行情确定残值。

习题

1. 简述汽车碰撞损伤评估的步骤。
2. 承载式车身按碰撞部位划分主要有哪几种形式,损坏零部件分别有哪些?
3. 简述车身结构钣金件损坏时修与换的标准。
4. 简述汽车火灾损失评估的步骤。
5. 如何确定车身的烤漆费用?

第五章 二手车鉴定评估操作

第一节 二手车鉴定评估作业流程

二手车鉴定评估作业流程如图 5-1 所示,评估机构按照流程完成相关作业,并填写对应表格。

一、受理鉴定评估

了解车辆委托方或所属单位、查验委托方合法身份证明、明确委托方要求(包含评估目的、评估基准日及期望完成评估时间等)及评估对象(包含车辆类别、厂牌型号、车籍、使用用途、已使用年限和累计行驶里程等)、车辆基本信息情况等。

二、查验可交易车辆

核查法定证件是否齐全,如机动车来历证明、机动车行驶证、机动车登记证书、机动车号牌、道路运输证、机动车安全技术检验合格标志等。

查验税费是否齐全。根据《二手车流通管理办法》规定,二手车交易需出具如车辆购置税、车船税、车辆保险单等税费缴付凭证。其中,机动车保险分为基本险和附加险两大类,交强险必须购买。

填写可交易车辆判别表,此表中所有选项应都为"否",如表 5-1 所示。

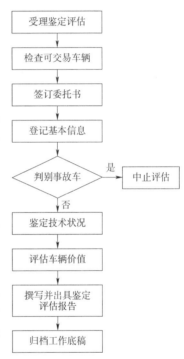

图 5-1 二手车鉴定评估作业流程

可交易车辆判别表　　　　表 5-1

序号	检查项目	判别	
1	是否达到国家强制报废标准	否	是
2	是否为抵押期间或海关监管期间	否	是
3	是否为人民法院、人民检察院、行政执法等部门依法查封、扣押期间的车辆	否	是
4	是否为通过盗窃、抢劫、诈骗等违法犯罪手段获得的车辆	否	是
5	是否发动机号与机动车登记证书登记号码不一致,且有凿改痕迹	否	是
6	是否车辆识别代号或车架号码与机动车登记证书登记号码不一致,且有凿改痕迹	否	是
7	是否为走私、非法拼(组)装车辆	否	是
8	是否为法律法规禁止经营的车辆	否	是

三、签订委托书

签订委托书以明确双方的责任以及义务,同时真实反映待评估车辆的真实信息,如下所示:

二手车评估委托书(示范文本)

委托书编号:

二手车鉴定评估机构:

因□交易 □转籍 □拍卖 □置换 □抵押 □担保 □咨询 □司法裁决需要,特委托你单位对车辆(号牌号码____车辆类型____发动机号____VIN____)进行技术状况鉴定并出具评估报告书。

车主			车主电话	
车主证件号			经办人	
住址			联系电话	
车辆情况	车辆型号		所有权性质	
	载重量/座位/排量		燃料种类	
	初次登记日期	年 月 日	车身颜色	
	已使用年限	年 个月	累计行驶里程	(万km)
	发动机大修次数		整车大修次数	
	维修情况			
	事故情况			
价值反映	购车日期	年 月 日	原始价格(元)	
	车主报价(元)			
	评估报价(元)			
备注:				

附:委托评估车辆基本信息

填表说明:

1.若被评估车辆使用用途曾经为营运车辆,需在备注栏中予以说明。

2.委托方必须对车辆信息的真实性负责,不得隐瞒任何情节,凡由此引起的法律责任及赔偿责任由委托方负责。

3.鉴定评估结论仅对本次委托有效,不作他用。

4.本委托书一式三份。

委托方:(签字、盖章)　　　　　　　　　　经办人:(签字、盖章)

四、登记基本信息

如表5-2所示,登记车辆的类别、名称等,该信息是后续价格评估的关键依据之一,需要如实填写。

评估车辆基本信息表　　　　　表 5-2

车辆基本信息	厂牌型号			牌照号码	
	发动机号			VIN 代号	
	注册登记日期	___年___月___日		表显里程	___km
	品牌名称		□国产　□进口	车身颜色	
	年检证明	□有（至___年___月）□无		购置税证书	□有　□无
	车船税证明	□有（至___年___月）□无		交强险	
	使用性质	□运营用车　□出租车　□公务用车　□家庭用车　□其他			
	其他法定凭证、证明	□机动车号牌　□机动车行驶证　□机动车登记证书 □第三者强制保险单　□其他			
	车主名称/姓名			企业法人证书代码/身份证号码	
重要技术配置及参数	燃料标号		排量	缸数	
	发动机功率		排放标准	变速器型式	
	其他重要配置				

五、判别事故车

用前文已述方法判别车辆是否为事故车，车辆若为事故车则指出事故部位与事故状态，中止后续评估。

六、鉴别技术状况

对二手车进行静态和动态检查等，并将鉴定结果填入《二手车鉴定评估作业表》中。并用数码相机或摄像头等拍摄二手车前面、侧面、后面三个方向的整体外形照，以及发动机舱、驾驶室、行李舱等局部位置的照片，如图 5-2 所示。

七、评估车辆价值

依据被评估车辆的数据资料、技术鉴定资料，以客观、公正为原则，根据评估目的选择适用的估价标准和评估方法，确定评估结果。其中评估方法主要有：重置成本法、收益现值法、现行市价法和清算价格法，具体含义及使用条件可参考第三章内容，在此不再赘述。

八、撰写并出具鉴定评估报告

二手车鉴定评估报告是指二手车鉴定评估机构按照评估工作制度有关规定，在完成鉴定评估工作后向委托方和有关方面提交的说明二手车鉴定评估过程和结果的书面报告。

九、归档工作底稿

在鉴定过程中，评估人员通过摄像头或数码相机将鉴定的二手车相关外观和车况进行拍照,鉴定完毕后将照片进行归档,照片主要分为三组:机舱组、内饰组和钥匙手续组。在进行拍照时应注意以下方面。

a) 车辆右前方45°照

b) 车辆侧方照

c) 车辆左后方45°照

d) 车辆前排内饰照

图 5-2　车辆部分照片

对车辆的要求:
(1)车身干净、车门关闭且机动车号码牌无遮挡;
(2)转向盘回正,前后轮处于同一直线上,即直线行驶状态;
(3)风窗玻璃及仪表板无杂物、干净。

对于拍摄人员的要求:
(1)拍照应尽量采用正面光拍摄,以保证车辆轮廓和号码牌照清晰,真实反映车辆自身信息;
(2)适当把握拍照距离,一般以全程影像充满整个画面为适宜;
(3)拍摄角度要符合标准。

第二节　二手车鉴定评估报告书

一、资产评估报告基本概念及基本制度

1. 资产评估报告基本概念

1)资产评估报告

资产评估报告,是指注册资产评估师遵循相关法律、法规和资产评估准则,在实施了必

要的评估程序对特定评估对象的价值进行估算后,编制并由评估人员所在评估机构向委托方提交的反映其专业意见的书面文件。注册资产评估师应当根据评估业务的具体情况,提供能够满足委托方和其他评估报告使用者合理需求的评估报告,并在评估报告中提供必要的信息,使评估报告使用者能合理理解评估结论。资产评估报告是按照一定格式和内容来反映评估目的、假设、程序、标准、依据、方法、结果及适用条件等基本情况的报告书。广义的资产评估报告是一种制度。它规定评估机构在完成评估工作之后必须按照规定程序的要求,以书面形式向委托方及相关主管部门报告评估过程和结果。狭义的资产评估报告即资产评估报告结果报告书,即资产评估机构与注册资产评估师完成对资产作价,就被评估资产在特定条件下的价值所发表的专家意见,也是评估机构履行评估合同情况的总结,是评估机构和注册资产评估师为资产评估项目承担相应法律责任的证明文件。

《国际资产评估准则》(IVS)和美国《专业评估执业同一准则》(USPAP)都是从报告类型与报告要素对资产评估报告进行规范的。目前,我国对资产评估报告的要求则是从基本内容和格式方面进行规范的。按照财政部《资产评估报告基本内容与格式的暂行规定》的有关规定,资产评估报告书应该包括资产评估报告书正文、资产评估说明、资产评估明细表及相关附件。

我国资产评估报告的编制与国际资产评估报告的编制存在较大的差别,主要是由于在资产评估行业发展初期,我国的资产评估管理体制所导致的。当时资产评估报告主要为了使国有资产管理部门能够较好地了解资产评估情况,便于其管理工作,因此报告主要围绕管理部门的要求来完成。但是,在评估报告中往往忽略了一些重要的内容,如评估的假设、价值前提、价值类型、定义,评估报告的使用,评估责任的界定等,实质上容易在未来的经济行为中给评估机构与注册资产评估师带来潜在的法律责任,也不利于报告的使用者对评估结果的使用。随着我国经济的发展,国际事务和交往增多,我国评估界也需要按照国际通行标准进行操作,而评估报告书作为评估工作的最终体现也要求我国注册资产评估师熟悉国际资产评估报告的要求,要求我国注册资产评估师能按照国际语言进行评估结果的表述。

2)资产评估报告书的作用

资产评估报告书有以下四方面的作用:

(1)它对委托评估的资产提供价值意见。资产评估报告书是经具有资产评估资质的机构根据委托评估资产的特点和要求,组织评估师及相应的专业人员组成的评估队伍,遵循评估原则和标准,按照法定的程序、运用科学的方法对被评估资产的价值进行评定和估算后,通过报告书的形式提出价值意见,该价值意见不代表任何当事人一方的利益,是一种独立专家估价的意见,具有较强的公正性和客观性,因此成为被委托评估资产作价的重要参考。

(2)资产评估报告书是反映和体现资产评估工作情况,明确委托方、受托方及有关方面责任的依据。它用文字的形式,对受托资产评估业务的目的、背景、范围、依据、程序、方法等方面和评定的结果进行说明和总结,体现了评估机构的工作成果。同时,资产评估报告书也反映和体现了受托的资产评估机构和执业人员的权利和义务,并以此来明确委托方、受托方有关方面的法律责任。在资产评估现场工作完成后,评估机构和评估人员就要根据现场工作取得的有关资料和估算数据,编写评估结果报告书,向委托方报告。负责评估项目的评估师也同时在报告书上行使自己签字的权利,并提出报告使用的范围和评估结果时限的前提等具体条款。当然,资产评估报告书也是评估机构履行评估协议和向委托方或有关方面收取评估费用的依据。

(3)对资产评估报告书进行审核是管理部门完善资产评估管理的重要手段。资产评估报告书是反映评估机构和评估人员的执业道德、执业能力,以及评估质量高低和机构内部管理机制完善程度的重要依据。有关管理部门通过审核资产评估报告书,可以有效地对评估机构的业务开展情况进行监督和管理。

(4)资产评估报告书是建立评估档案、归集评估档案资料的重要信息来源。评估机构和评估人员在完成评估任务之后,都必须按照档案管理的有关规定,将评估过程收集的资料、工作记录以及资产评估过程的有关工作底稿进行归档,以便进行评估档案的管理和使用。由于资产评估报告书是对整个评估过程的工作总结,其内容包括了评估过程的各个具体环节和有关资料的收集和记录,因此,不仅评估报告书的底稿是评估档案归集的主要内容,编写资产评估报告过程采用的各种数据、各个依据、工作底稿和资产评估报告制度中形成的有关文字记录等都是资产评估档案的重要信息来源。

2. 资产评估报告基本要素

注册资产评估师应在执行必要的资产评估程序后,根据相关评估准则编制并由所在评估机构出具评估报告。注册资产评估师应当在评估报告中披露相关的必要信息,使评估报告使用者能够合理理解评估结论。

资产评估报告一般应包括以下基本要素(以企业价值评估为例):

(1)评估报告类型。

(2)委托方、资产占有方及其他评估报告使用者。

(3)被评估企业基本情况及财务状况。

(4)评估范围和评估对象基本情况。

(5)评估目的。

(6)价值类型和定义。

(7)评估基准日。

(8)评估假设和限制条件。

(9)评估依据。

(10)评估方法。

(11)评估程序实施过程和情况。

(12)评估结论。

(13)特别事项说明。

(14)评估报告日。

(15)评估机构和注册资产评估师签章。

(16)附件。

在评估报告中,注册资产评估师应该根据评估项目的具体情况,就被评估资产的基本情况进行说明(以企业价值评估为例),一般包括:

(1)评估对象的存在状况、权利状况和受到的限制。

(2)在评估报告中披露所有影响评估分析、判断和结论的评估假设和限定条件,并就其对评估结论的影响进行必要说明。

(3)在评估报告的评估程序实施过程和情况说明部分中,重点披露被评估企业的财务分析、调整以及评估方法的运用实施过程。

(4)在评估报告中披露财务分析、调整情况时,通常应当包括下列内容:①被评估企业历史财务资料分析总结,列示能够充分满足评估目的需要和揭示被评估企业特性的若干年度的资产负债表和损益表的汇总资料;②对财务报告、企业申报资料所做的重大或实质性调整;③相关预测所涉及的关键性评估假设和限定条件;④被评估企业与其所在行业平均经济效益状况的比较。

(5)注册资产评估师在评估报告中披露评估方法运用实施过程和情况时,通常应包括下列内容:①选择评估方法的过程和依据;②评估方法的运用和逻辑推理计算过程;③资本化率、折现率、价值比率等参数的获取来源;④对初步评估结论进行综合分析,形成最终评估结论的过程。

(6)注册资产评估师应根据评估项目的具体情况,在评估报告中对被评估企业的基本情况进行说明,一般包括:①企业名称、类型和组织形式;②企业历史状况;③企业主要产品或服务;④市场和客户状况;⑤企业管理状况;⑥季节或周期因素对企业运营的影响;⑦企业运营常规流程;⑧企业主要资产状况,如有形资产、无形资产、主要负债等;⑨企业发展前景;⑩企业、股权等以往市场交易情况;⑪竞争状况;⑫影响企业生产经营的宏观经济因素;⑬影响企业生产经营的行业发展前景;⑭其他需要说明的企业状况。

注册资产评估师可以根据评估业务性质、评估标的情况、委托方和其他评估报告使用者的要求,合理确定评估报告的详略。

二、汽车鉴定评估报告书概述

1. 汽车鉴定评估报告相关制度

二手车鉴定评估报告制度是规定二手车鉴定评估机构在完成二手车鉴定评估工作后应向委托方出具鉴定评估报告书的一系列有关规定的制度。

二手车鉴定评估属于专项资产评估,鉴定评估的对象又属于特种资产,因而对这种资产鉴定评估工作的管理有别于其他资产。在鉴定工作结束后,以国家经济贸易委员会、劳动和社会保障部《关于规范旧机动车鉴定评估工作的通知》(国经贸贸易〔2002〕825号)、《二手车流通管理办法》以及其他有关法律、法规为依据。旧机动车鉴定评估报告的基本内容和格式必须遵循国经贸贸易〔2002〕825号文件的规定,必须向委托方出具鉴定评估报告书,同时建立二手车鉴定评估报告档案管理制度。

根据国家现行有关法律、法规的要求,二手车鉴定评估报告的有关制度主要有以下几个方面:

(1)二手车鉴定评估报告书必须以国家经济贸易委员会、劳动和社会保障部《关于规范旧机动车鉴定评估工作的通知》以及其他有关法律法规为依据,旧机动车鉴定评估报告的基本内容和格式必须遵循国经贸贸易〔2002〕825号文件的规定。

(2)二手车鉴定评估机构接受委托开展机动车鉴定评估工作活动后,要按照有关法规的要求,向委托方出具涉及该评估对象的评估过程、方法、结论、说明、计算过程及各类备查文件等内容的二手车鉴定评估报告书。

(3)二手车鉴定评估报告书是由鉴定评估报告书正文及相关附件组成。

(4)二手车鉴定评估活动应充分体现鉴定评估机构的独立、客观、公正的原则,鉴定评估报告书的陈述不得带有任何诱导、恭维和推荐的陈述,评估报告书正文不得出现鉴定评估机构的介绍性内容。

(5)二手车鉴定评估报告书的数据一般均应采用阿拉伯数字,鉴定评估报告书应用中文撰写打印(手写无效)。如需出具外文评估报告书,外文评估报告书的内容和结果应与中文报告书一致,并须在评估报告书中注明以中文报告为准。

(6)鉴定评估工作完毕后,二手车鉴定评估机构应按鉴定评估委托书及其附件、二手车鉴定评估工作底稿、审核确认文件等,并按有关规定的保存期限进行保管。

(7)委托方和有关单位应依据国家法律、法规有关规定,按照机动车鉴定评估报告书的条款,正确使用二手车鉴定评估报告书。

2.汽车鉴定评估报告书基本内容

(1)封面。二手车鉴定评估报告书的封面须载明下列内容:二手车鉴定评估报告书名称、鉴定评估机构出具鉴定评估报告的编号、二手车鉴定评估机构全称和鉴定评估报告提交日期等。有服务商标的,评估机构可以在报告封面载明其图形标志。

(2)首部。鉴定评估报告书正文的首部应包括以下内容。

①标题。标题应该简练清晰,含有"×××(评估项目名称)资产评估报告书"字样,位置居中偏上;

②报告书序号。报告书序号应符合公文的要求,包括评估机构特征字、公文种类特征字(例如:评报、评咨、评函,评估报告书正式报告应用"评报",评估报告书预报应用"评预报")、年份、文件序号,例如:××评报字(2019)第××号,或者××评报字2019-0101,第一个01代表1月份,第二个01代表1月份的第一份报告,位置本行居中。

(3)绪言。写明该评估报告委托方全称、受委托评估事项及评估工作整体情况,一般应采用包括下列内容的表达格式。

××(鉴定评估机构)接受××××的委托,根据国家有关资产评估的规定,本着客观、独立、公正、科学的原则,按照公认的资产评估方法,对×××(车辆)进行了鉴定评估。本机构鉴定评估人员按照必要的程序,对委托鉴定评估车辆进行了实地查勘与市场调查,对其在×××年××月××日所表现的市场价值作出了公允反映。现将车辆评估情况及鉴定结果报告如下。

(4)委托方与车辆所有方简介。应写明委托方、委托方联系人的名称、联系电话及住址,指出车主的名称。

(5)评估目的。应写明本次资产评估是为了满足委托方的何种需求,及其所对应的经济行为类型。

(6)评估对象。须简要写明纳入评估范围车辆的厂牌型号、号牌号码、发动机号、车辆识别代号、注册登记日期、年审检验合格有效日期、有无购置附加费证及车船使用税等。

(7)鉴定评估基准日。写明车辆鉴定评估基准日的具体日期,式样为:鉴定评估基准日是××年××月××日。

(8)评估原则。写明评估工作中遵循的各类原则以及本次鉴定评估遵循国家及行业规定的公认原则。对于所遵循的特殊原则,应作适当阐述。

(9)评估依据。评估依据一般可以划分为行为依据、法律法规依据、产权依据及取价依据等。行为依据主要是指二手车鉴定评估委托书、法院的委托书等经济行为文件。法律法规依据应包括车辆鉴定评估的有关条法、文件及涉及车辆评估的有关法律、法规等。产权依据是指被评估车辆的机动车登记证书或其他能够证明车辆产权的文件等。评定及取价依据应为鉴定评估机构收集的国家有关部门发布的统计和技术标准资料,及其评估机构收集的有关询价资料和参数资料等。对评估中采用的特殊依据应在本节内容中披露。

(10)评估方法及计算过程。简要说明评估人员在评估过程中所选择并使用的评估方法,简要说明选择评估方法的依据或原因,如对某车辆评估采用一种以上的评估方法,应适当说明原因并说明该资产评估价值的确定方法。对于所选择的特殊评估方法,应适当介绍其原理与适用范围,各种评估方法计算的主要步骤等。

(11)评估过程。评估过程应反映二手车鉴定评估机构自接受评估委托起至提交评估报告的各种过程,包括接受委托、验证、现场查勘、市场调查与询证、评定估算、提交报告等过程。

(12)评估结论。

(13)特别事项说明。评估报告中陈述的特别事项是指在已确定评估结果的前提下,评估人员揭示在评估过程中已发现可能影响评估结论、但非评估人员执业水平和能力所能评定估算的有关事项,提示评估报告使用者应注意特别事项对评估结论的影响,揭示鉴定评估人员认为需要说明的其他问题。

(14)评估报告法律效力。揭示评估报告的有效期,特别提示评估基准日的期后事项对评估结论的影响及其评估报告的使用范围等。

(15)鉴定评估报告提出日期。写明评估报告委托方的具体时间,评估报告原则上应在确定的评估基准日后1周内提交。

(16)附件。附件应包括二手车鉴定评估委托书、二手车鉴定评估作业表、车辆行驶证、购置证、车辆登记证书复印件、鉴定评估机构营业执照复印件、鉴定评估师资质复印件等。

(17)尾部。写明出具评估报告的评估机构名称并盖章,写明评估机构法人姓名并签章,注册二手车鉴定评估师签章,高级注册评估师审核签章以及报告日期。

三、汽车鉴定评估报告书编制步骤和注意事项

1. 资产评估报告书编制

资产评估报告书的制作是评估机构完成评估工作的最后一道工序,是资产评估工作中的一个重要环节。制作资产评估报告书主要有五大步骤:

(1)整理工作底稿和归集有关资料。资产评估现场工作结束后,有关评估人员必须着手对现场工作底稿进行整理,按资产的性质进行分类。同时对有关询证函、被评估资产背景材料、技术鉴定情况和价格取证等有关资料进行归集和登记。对现场未予确定的事项,还须进一步落实和核查。

(2)评估明细表的数字汇总。在完成现场工作底稿和有关资料的归集任务后,评估人员应着手评估明细表的数字汇总。明细表的数字汇总应根据明细表的不同级次首先进行明细表汇总,然后分类汇总,再到资产负债表的汇总。在数字汇总中应核对有关数字的关联性和各表栏之间数字的关系,预防出错。

(3)评估初步数据的分析和讨论。在完成评估明细表的数字汇总,得出初步的评估数据后,应组织参与评估工作的有关人员,对评估报告的初步数据结论进行分析和讨论,比较有关评估数据,复核记录估算结果的工作底稿,对存在作价不合理的部分评估数据进行调整。

(4)编写评估报告书。编写评估报告书可分两步:

①在完成资产评估初步数据的分析和讨论,对有关部分的数据进行调整后,由具体参加评估各组负责人草拟出各自负责评估部分资产的评估说明,同时提交全面负责、熟悉本项目

评估具体情况的人员草拟出资产评估报告书。

②将评估基本情况和评估报告书初稿的初步结论与委托方交换意见,听取委托方的反馈意见后,在独立、客观、公正的前提下,认真分析委托方提出的问题和建议,考虑是否应修改评估报告书,对评估报告中存在的疏忽、遗漏和错误之处进行修正,然后编写资产评估正式报告书。

(5)资产评估报告书的签发与送交。评估机构编写出资产评估正式报告书后,经审核无误,按以下程序进行签名盖章:先由负责该项目的注册评估师签章(两名或两名以上),再送复核人审核签章,最后送评估机构负责人审定签章并加盖机构公章。

资产评估报告书签名盖章后即可送交委托单位。

2. 二手车鉴定评估报告书编写步骤

编写二手车评估报告书可以分为如下两个步骤:

(1)在完成二手车鉴定评估数据的分析和讨论,对有关部分的数据进行调整后,由具体参加评估的注册二手车鉴定评估师草拟出二手车鉴定评估报告书。

(2)将二手车鉴定评估的基本情况和评估报告书初稿的初步结论与委托方交换意见,听取委托方的反馈意见后,在坚持独立、客观、公正的前提下,认真分析委托方提出的问题和建议,考虑是否应该修改评估报告书,对报告书中存在的疏忽、遗漏和错误之处进行修正,待修改完毕后即可撰写正式的二手车鉴定评估报告书。

3. 二手车鉴定评估报告书制作的技术要点

二手车鉴定评估报告书的技术要点是指在二手车鉴定评估报告书制作中的主要技能要求,它具体包括了文字表达方面、格式与内容方面、复核与反馈等方面的技能要求等。

(1)文字表达方面的技能要求。二手车鉴定评估报告书既是对评估的车辆价值有咨询性和公正性作用的支持,又是用来明确鉴定评估机构和评估人员工作职责的文字依据,所以它的文字表达技能要求既要清楚、准确,又要提供充分的依据说明,还要全面地叙述整个鉴定评估的过程。报告文字表达必须清楚,不得使用模棱两可的措辞,其陈述既要简明扼要,又要把有关问题说明清楚,不得带有任何诱导、恭维和推荐性的陈述。当然,在文字表达上也不能带着"大包大揽"的语句,尤其是涉及承担责任条款的部分。

(2)格式和内容方面的技能要求。对二手车鉴定评估报告书格式和内容方面的技能要求,必须严格遵循国家经济贸易委员会颁发的《关于规范旧机动车鉴定评估工作的通知》要求。

(3)复核与反馈方面的技能要求。鉴定评估报告书的复核与反馈也是鉴定评估报告书制作的具体技能要求。通过对工作底稿、作业表、技术鉴定资料和鉴定评估报告书正文的文字、格式及内容的复核和反馈,可以将有关错误、遗漏等问题在出具正式报告书之前得到修正。对鉴定评估人员来说,由于知识、能力、经验、阅历及理论方法的限制会产生工作盲点和工作疏忽,所以,对鉴定评估报告书初稿进行复核就成为必要。就鉴定评估车辆的情况熟悉程度来说,大多数车辆评估委托方和占有方对委托鉴定评估车辆的成新率、使用强度、维护、车辆性能、维修、事故等情况可能比评估机构和评估人员更熟悉,所以在出具正式报告之前征求委托方的意见,收集反馈意见也很有必要。

对鉴定评估报告书进行复核,必须明确复核人员的职责,防止流于形式的复核。收集反馈意见主要是收集委托方或所有方熟悉车辆具体情况的人员意见。对委托方或车辆所有方意见的反馈信息,应慎重对待,应本着独立、客观、公正的态度去接受其反馈意见。

(4)撰写鉴定报告书注意事项。二手车鉴定评估报告书的制作技能除了需要掌握上述三个方面的技术要点外,还应注意以下几个事项:

①实事求是,切忌出具虚假报告。报告书必须建立在真实、客观的基础上,不能脱离实际情况,更不能无中生有。报告拟定人应是参与鉴定评估并全面了解被评估车辆的主要鉴定评估人员。

②坚持一致性做法,切忌出现表里不一。报告书文字、内容要前后一致,正文、评估说明、作业表、鉴定工作底稿、格式甚至数据要相互一致,不能出现相互矛盾的情况。

③提交报告书要及时、齐全和保密。在正式完成鉴定评估报告工作后,应按业务约定书的约定时间及时将报告书送交委托方。送交报告书时,报告书及有关文件要送交齐全。此外,要做好保密工作,尤其对评估涉及的商业秘密更要加强保密工作。

④评估报告书中应明确评估报告使用者及报告使用方式,提示评估报告使用者合理使用评估报告。注意防止报告书被恶意使用,避免报告书被滥用,规避执业风险。

第三节　汽车鉴定评估报告案例

一、汽车鉴定评估书出具流程介绍

在实际鉴定评估工作中,一般按如下流程进行操作:接受委托,核查委托方资料、确定评估人员,制订评估实施方案—确定评估方法—对机动车进行现场查勘、核实—确定机动车成新率—进行市场调查和询证—确定机动车重置成本—确定机动车评估现值—出具《二手车鉴定评估报告书》。

评估事务所接受委托后,需要求委托人填写《二手车鉴定评估委托书》。

在评估项目中,机动车成新率和机动车重置成本直接影响到委托评估车辆的评估结果,因此,公正、科学地确定委托评估车辆的成新率和重置成本就成为确定本项评估结果的关键。为了达到这一目的,完成评估程序所整理的工作底稿按如下流程进行:

机动车现场查勘记录—二手车鉴定评估作业表—车辆成新率评定表—车辆询价表—机动车评估值计算表。

1. 对被评估车辆进行现场查勘、核实阶段

公正、科学地确定委托评估车辆的成新率,首先必须对委托评估车辆进行认真的现场查勘、核实,作好现场记录,然后根据现场查勘记录进行分析整理,填写《二手车鉴定评估作业表》。在进行现场查勘时,应全面了解被评估车辆的基本情况,并对被评估车辆的技术状况做出全面合理的判断。

被评估车辆的基本情况主要包括:车辆号牌号码、厂牌型号、生产厂家、已行驶里程、购置日期、登记日期、车辆大修情况、改装情况、油耗情况、尾气排放情况、事故情况等。

被评估车辆的技术状况主要有如下内容:

(1)车身外观(是否有碰撞、车辆颜色、光泽、有无补漆锈蚀等情况、车灯是否齐全);

(2)底盘(有无变形、有无异响、变速器状况是否正常、前后桥状况是否正常、传动系统工作状况是否正常、是否漏油、转向系统情况是否正常、制动系统工作状况是否正

常等);

(3)车内装饰(装潢情况、清洁程度、仪表及座位是否完整以及其他有关装饰情况等);

(4)发动机工作状况(动力状况、有无更换部件、有无大修现象、有无渗漏现象等);

(5)电器系统(电源系统工作是否正常、发动机点火器工作是否正常、空调系统工作是否正常、音响系统工作是否正常等)。

以上查勘情况,一般应由受托方中级评估师详细填表,高级评估师复核后再签名,以确认查勘情况是客观的、真实的,不存在与车辆实际状况不相符合的情况。确定查勘情况后,评估人员必须对评估车辆做出查勘鉴定结论。上述资料经过整理后,就可以编制成《二手车鉴定评估作业表》,见表5-3,此表是二手车评估主要的工作底稿之一。

二手车鉴定评估作业表　　　　　　　表5-3

车主			所有权性质	
住址				
原始情况	厂牌型号		车牌号码	
	车辆识别代号(VIN)		车身颜色	
	发动机号		使用用途	
	载重量/座位/排量		燃料种类	
	初次登记日期		车辆类型	
	已使用年限(月)		累计行驶里程	
检查核对交易证件	证件	□原始发票 □机动车登记证书 □机动车行驶证 □法人代码证或身份证 □其他		
	税费	□购置附加税 □车船使用税 □其他		
结构特点				
现时技术状况				
维护保养情况			现时状态	
价值反映	重置成本(元)	成新率(%)		评估价格(元)
鉴定评估目的				
鉴定评估说明				

二手车鉴定评估师:　　　　　　　　　　　　　　复核人:

　　　　　　　　　　　　　　　　　　　　　　年　月　日

2.市场调查和询证阶段

完成《二手车鉴定评估作业表》以后,必须进行市场调查和询证,以确定被评估车辆的现行市场价格。进行市场询证时,应重点做好以下工作:

(1)确定被评估车辆基本情况(车辆类型、厂牌型号、生产厂家、主要技术参数等);

(2)确定询价参照对象及询价单位,并将询价对象与被评估车辆基本情况进行比较,在二者基本一致的情况下,询到的市场价格才是可比的、可行的;

(3)确定询价结果。

3. 确定被评估车辆成新率阶段

根据《二手车鉴定评估作业表》,确定被评估车辆的成新率就有了比较充足的依据,以此为基础得出的成新率应该是客观的、科学的,也是公正的、合理的。一般情况下,被评估车辆成新率的确定采用综合成新率法较为客观可行。

在确定综合调整系数的时候要考虑的因素有:车辆的实际运行时间、实际技术状况、车辆使用强度、使用条件、使用和维护情况、车辆的制造质量、车辆的大修、重大事故经历、车辆外观质量等,还要充分考虑影响机动车价值的各种因素。

4. 确定被评估车辆评估结果阶段

在确定了委托车辆的现行市场价格后,就可以计算出委托车辆的重置成本。如果询不到相同型号,只能找到类似型号的新车时,在采用现行市场价格的同时,要将二者的差别仔细对比,用功能性贬值对其现行市场价格进行扣减,可算出被评估车辆的重置成本。其公式如下:

$$重置成本 = 新车市场售价 \times (1 - 功能性贬值) \tag{5-1}$$

确定重置成本后,可以计算出被评估车辆的评估值。以委托评估车辆的评估值为基础,根据委托方确定(也可以根据行业规定或由二手车鉴定评估师根据工作经验和市场行情综合判定)变现折扣率,可以计算出委托评估车辆的拍卖底价。计算公式如下:

$$拍卖底价 = 评估现值 \times 变现率 \tag{5-2}$$
$$变现率 = 1 - 变现折扣率 \tag{5-3}$$

通过实施以上的评估程序,我们完全有理由相信,被评估车辆的评估定价工作是规范的,能够确保旧机动车辆评估结果的公正性、科学性。

二、二手车鉴定评估报告书案例

关于川 A5××3T 宝来小型轿车鉴定评估报告书

川启评报字"2019 - 0611"

(一)绪言

成都××二手车评估有限公司接受四川×××有限责任公司的委托,根据国家有关资产评估的规定,本着客观、独立、公正、科学的原则,按照公认的资产评估方法,对川 A5××3T 宝来小型轿车进行了鉴定评估。本鉴定评估人员按照必要的程序,对委托鉴定评估车辆进行了实地查勘与市场调查,并对其在 2019 年 8 月 28 日所表现的市场价值作出了公允反映。现将车辆评估情况及鉴定评估结果报告如下:

(二)委托方与车辆所有方简介

委托方:四川×××有限责任公司,经办人:李××

(三)评估目的

根据委托方的要求,本项目评估目的:为车辆处置提供现时价值依据

(四)评估对象

评估车辆的厂牌型号(宝来牌 FV7162XATG);号牌号码(川 A5××3T);发动机号(534×××);车辆识别代号(LFV2A21549300×××××);出厂日期(2009 年 1 月);登记日期(2009 年 2 月);年审检验合格(2020 年 2 月);保险齐全有效;购置附加税证(√);车船使用税(√)。

(五)鉴定评估基准日

鉴定评估基准日:2019 年 8 月 28 日

(六)评估原则

严格遵循"客观性、独立性、公正性、科学性"原则。

(七)评估依据

1. 法律、法规依据

(1)《中华人民共和国资产评估法》;

(2)《中华人民共和国道路交通安全法》;

(3)《资产评估基本准则》(财资〔2017〕43 号);

(4)《资产评估执业准则—资产评估程序》(中评协〔2018〕36 号);

(5)《二手车流通管理办法》(2017 年修正);

(6)《机动车强制报废标准规定》(商务部、国家发展改革委、公安部、环境保护部令 2012 年第 12 号);

(7)其他相关的法律、法规等。

2. 产权依据

委托鉴定评估车辆的《机动车登记证书》(编号:510050××××××)

3. 评定及取价依据

技术标准资料:《机动车运行安全技术条件》(GB 7258—2017);《轻型汽车污染物排放限值及测量方法》(中国第六阶段)(GB 18352.6—2016);《二手车鉴定评估技术规范》(GB/T 30323—2013)。

技术参数资料:《汽车技术参数手册》《机动车登记证书》等。

技术鉴定资料:鉴定评估对象现场查验记录、二手车鉴定其他有关资料。

其他资料:市场询证资料、价格信息等。

(八)评估方法

本次价格鉴定采用重置成本法。重置成本法主要用于在现实条件下重新购置一辆与被评估车辆相同或类似的全新状态新车,减去被评估车辆已发生的实体性、功能性和经济性贬值而得到的该车现时价格的一种方法。

(九)评估过程

按照接受委托、验证、现场查勘、评定估算、提交报告的程序进行。

计算过程如下。

(1)重置成本的确定:在评估基准日评估师从成都强生大众 4S 店等机构调查得知,鉴定评估对象在鉴定评估基准日已停售,购买与被评估车辆相同品牌新车价格为 10.98 万元。经比较发现被评估车辆与新车之间有一些差异,如:发动机和底盘悬架内饰基本不变,尾灯和前照灯、前保险杠和后保险杠有些改动,基于被评估车辆与在售车辆的差异,故综合确定被评估车辆的功能性贬值约为新车售价的 5%,所以该车的重置成本为:

$A = 新车售价 \times (1 - 功能性贬值) = 109800 \times (1 - 5\%) = 104310$ 元

(2)综合调整系数的确定:

影响因素	等级	调整系数取值	权重(%)
技术状况	一般	0.8	30
维护情况	一般	0.8	25
制造质量	国产名牌	0.9	20
工作性质	私用	1	15
工作条件	一般	0.9	10

综合调整系数 = 0.8×30% + 0.8×25% + 0.9×20% + 1×15% + 0.9×10% = 0.86

(3)成新率的确定:

根据我国现行的《机动车强制报废标准规定》,取该车的规定使用年限为15年,且该车已使用了126个月。

$$成新率 = (1 - 已使用年限/规定使用年限) \times 综合调整系数 \times 100\%$$
$$= [(180 - 126)/180] \times 0.86 \times 100\%$$
$$= 0.3 \times 0.86 = 25.8\%$$

(4)评估值的计算:

$$P = A \times 成新率 = 104310 \times 25.8\% \approx 26912 \text{元}$$

注:A 为重置成本;P 为评估值。

(十)评估结论

被评估车辆在评估基准日的评估价格为人民币26912元整;

金额大写:贰万陆仟玖佰壹拾贰元整。

(十一)特别事项说明

(1)本次评估结果是反映评估对象在本次评估目的下,根据公开市场原则确定的现行公允市场价值,但未考虑以下因素:

①特殊的交易方式或交易方式可能追加的付出价格等对评估价值的影响。

②国家宏观经济政策发生变化以及遇到自然力和其他不可抗力对资产价格的影响。

③车辆交通违章处理等费用未进行充分考虑。

(2)当前述评估目的、评估条件等其他情况发生变化时,本评估结果一般会失效,需要重新鉴定评估。

(3)本报告是在委托方提供的文件数据资料的基础上做出的,委托方对所提供资料、数据的真实性、可靠性、合法性和完整性负责。若委托方有意隐瞒或提供虚假的资料误导评估工作致使评估结果失真,由此而产生的一切法律责任,本评估机构不负连带责任。

(4)评估基准日至评估报告提交日所评估资产无重大变化,资产价格标准也无重大变化。在评估有效期内,若资产发生变化时,不能直接使用评估结果,应根据原评估方法对资产额进行相应的调整。

(5)本报告中的评估结果仅为近似值,不构成对评估对象价格的担保。

(6)如本报告内的文字或数字因打印或其他原因出现误差时,请通知本机构进行更正。否则,报告误差部分无效。

(7)评估报告的使用者仅包括委托方和国家法律法规明确的其他评估报告使用者。

(8)本报告含有若干附件,附件是构成本报告的重要组成部分,与本报告正文具有同等法律效力。

(十二)评估报告的法律效力

(1)本项评估结论有效期为90天,自鉴定评估基准日至2019年11月25日止。

(2)当评估目的在有效期内实现时,本评估结果可以作为作价参考依据。超过有效期,需重新评估。另外在评估有效期内若由于被评估车辆的市场价格等原因导致车辆的价值发生变化,对车辆评估结果产生明显影响时,委托方也需重新委托评估机构重新评估。

(3)鉴定评估报告书的使用权归委托方所有,其评估结论仅供委托方为本项目评估目的使用和送交二手车鉴定评估主管机关审查使用,不适用于其他目的;因使用本报告书不当而产生的任何后果与签署本报告书的鉴定估价师无关;未经委托方许可,本鉴定评估机构承诺不将本报告书的内容向他人提供或公开。

附件:
1. 二手车鉴定评估作业表
2. 车辆照片
3. 机动车行驶证和产权证复印件
4. 二手车评估委托书
5. 车辆所有人和经办人证件复印件
6. 鉴定评估师职业资格证书复印件
7. 鉴定评估机构营业执照复印件
8. 鉴定评估机构其他相关资质证书复印件

二手车鉴定估价师:

成都××二手车评估有限公司

2019年8月28日

习题

1. 简述二手车鉴定评估的程序。
2. 简述二手车鉴定评估报告书的作用和出具流程。
3. 简述鉴定评估报告书包括的内容。
4. 请书写阿拉伯数字1~10的中文大写汉字。
5. 简述二手车车鉴定评估报告书制作的技术要点。

第六章　二手车交易

第一节　二手车交易概述

一、二手车收购来源及交易特点

二手车交易是指以合法的、可交易的在用车为交易对象,在国家规定的二手车交易市场或其他合法的交易市场中进行的二手车商品交换和产权交易。

1. 二手车收购来源

二手车收购的来源主要有运营车辆、单位非运营车辆、私人用车、拍卖的车辆等。

运营车辆具有品种单一、量大、更新周期短的特点,是二手车收购的重要来源之一。

单位非运营车辆包括公务车和商务车两大类,具有车型结构品种多、档次较高、量较大的特点,非运营车辆使用年限一般较长,也是二手车收购的重要来源之一。

私人生活用车一般是指家庭个人使用的车辆,属于非运营车辆。以家庭轿车为主,车型涵盖高、中、低各档次。随着我国人民生活水平的提高,私人用车市场的潜力很大,是目前二手车收购的主要来源。

海关罚没车辆、涉案车辆都要经过拍卖程序处理,也是二手车的收购来源。

2. 二手车交易特点

二手车交易是汽车交易的一种,具有汽车交易的共同特点,但同时又有别于新车交易,主要有四个特点。

1)技术专业性较强

不同的二手车技术状况差异很大,从事二手车交易的人员对各品牌型号汽车的各种检查检测方法、故障现象、故障原因以及维修工艺和费用都要有较深的了解,还要熟悉二手车交易的相关法律法规和交易程序。

2)价值评估差异大

当前,虽然二手车交易量较大,但二手车市场不够成熟。信息不对称,交易人员定价随意,投机心态强,往往会出现交易价格偏离合理价值范围的现象。二手车评估交易人员必须掌握价值规律的相关知识,具备二手车价值评估技能。

3)交易技巧要求高

二手车产品的结构和技术复杂性决定了二手车交易比一般的旧货交易难度大得多。在二手车交易的收购阶段,还要对二手车进行技术状况鉴定、价格评估、确定销售价格、签订交易合同、办理过户手续、车辆交接等,整个交易过程长、烦琐,要求交易人员有一定的技巧,使交易各环节顺利进行。

4）交易管理难度大

相对于买主而言,二手车经营者在技术上具有绝对的优势。一方面,由于监督管理困难,一些交易人员易受到利益驱使,出现了调里程表、隐瞒事故现实等违规行为,致使行业信任度普遍偏低;另一方面,经营者自身管理难度较大,由于每一辆二手车车况差异较大,价格高低、成交与否很大程度上取决于收购评估师或销售人员,经营者无法掌握每一辆二手车的交易过程,高额利润驱使一些人参与暗箱操纵。

二、二手车交易及交易者类型

二手车交易是一种实现二手车所有权从卖方到买方转移的产权交易过程。二手车必须在规范的流程下完成二手车所有权过户登记才算是合法、完整的交易,二手车交易必须符合《二手车交易规范》的管理规定,并按照规定的程序进行。按照市场的交易模式,二手车交易类型可以分为直接交易、中介经营、二手车销售和电商交易。

1. 直接交易

二手车直接交易是指二手车所有人不通过经销企业、拍卖企业和经纪机构,将车辆直接出售给买方的交易行为。

2. 中介经营

中介经营是指二手车买卖双方通过中介的帮助而实现交易,中介收取约定佣金的一种交易行为。中介经营包括二手车经纪、二手车拍卖。

（1）二手车经纪。二手车经纪是指二手车经纪机构以收取佣金为目的,为促成他人交易二手车而从事居间、经纪或者代理等经营活动。

（2）二手车拍卖。二手车拍卖是指二手车拍卖企业以公开竞价的形式将二手车转让给最高应价者的经营活动。

3. 二手车销售

二手车销售是指二手车销售企业收购、销售二手车的经营活动,主要业务有二手车收购、二手车销售、二手车置换和二手车典当等。二手车典当是指二手车所有人将其拥有的、具有合法手续的车辆质押给典当公司,典当公司支付典当当金,封存质押车辆,双方约定在一定期限内由出典人(二手车所有人)结清典当本息、赎回车辆的一种贷款行为。二手车典当不赎回情况也可以算作一种二手车销售。

4. 电商交易

二手车电商交易是指利用计算机、互联网、视频新媒体等技术将二手车车源、检测评估、线上交易额线下售后服务整合在一起而形成的二手车网上交易平台。我国近些年二手车电商交易快速发展,形成了 To B 和 To C 两大市场格局(B 代表商家、C 代表个人),B2B、B2C、C2C、C2B、C2B2C 等运营模式在我国二手车市场中具有体现。B2B 是多对多拍卖批发模式,在二手车商之间搭建拍卖交易平台,代表企业有优信拍等。C2B2C 是一种由二手车电商平台充当车主、终端车商和购车者三方的中介模式,该模式的核心是通过线下进行公正可靠可信的检测服务。

三、二手车可交易条件

只有同时满足以下条件的车辆才能进行交易。

1. 法定证件齐全、合法、有效

法定证件包括机动车登记证书、机动车行驶证、车辆号牌和机动车安全技术检验合格标志。

2. 税/险凭证齐全、有效

税/险凭证包括车辆购置税完税证明、车船税和交强险缴付凭证。

3. 禁止交易的车辆

(1) 已报废或者达到国家强制报废标准的车辆。
(2) 在抵押期间或者未经海关批准交易的海关监管车辆。
(3) 在人民法院、人民检察院、行政执法部门依法查封、扣押期间的车辆。
(4) 通过盗窃、抢劫、诈骗等违法犯罪手段获得的车辆。
(5) 发动机号码、车辆识别代号或者车架号码与登记号码不相符,或者有凿改迹象的车辆。
(6) 走私、非法拼(组)装的车辆。
(7) 在本行政辖区以外的公安机关交通管理部门注册登记的车辆。
(8) 国家法律、行政法规禁止经营的车辆。

四、二手车交易程序

二手车的交易程序是根据二手车交易的特性,为杜绝盗抢车、走私车、拼装车和报废车进入市场,切实维护消费者的合法权益,科学合理地设计的"一条龙"作业方式,从而使二手车交易在规范有序的流程内进行,减少了购销双方的来回奔波,提供了便民、可监控和有序的交易环境。二手车交易程序因交易类型的不同而不同,下面主要介绍二手车直接交易、二手车销售和二手车拍卖的交易程序。

1. 二手车直接交易程序

二手车个人直接交易和通过二手车经纪机构进行的二手车交易,交易程序如图 6-1 所示。

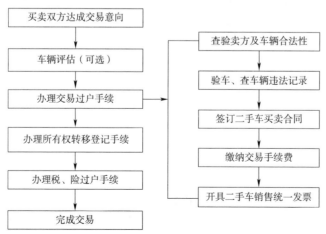

图 6-1 二手车直接交易程序

(1) 买卖双方达成交易意向。

买卖双方就二手车交易谈妥相关条件,达成成交意愿。达成交易意向是买卖双方的谈判过程,这个过程可以在二手车交易市场内或市场外完成,一旦谈妥就可以办理交易过户的相关手续。

(2) 车辆评估。

二手车鉴定评估是买卖双方达成交易意向后自愿选择的项目。根据《二手车流通管理办法》的规定,交易二手车时除属国有资产的二手车外,二手车鉴定评估应本着买卖双方自愿原则。

消费者进行鉴定评估的目的主要是两方面:一是通过鉴定评估了解二手车的技术状况,发现车辆存在的故障和安全隐患;二是了解二手车的行情价格,为交易达成和开具二手车销售统一发票提供参考依据。

(3) 办理交易过户手续。

办理交易过户手续是指在完成二手车交易时买方在二手车交易市场服务大厅办理的相应手续,包括:查验卖方和车辆合法性→验车→查车辆违法记录→签订二手车买卖合同→缴纳交易手续费→开具二手车销售统一发票。

(4) 办理所有权转移登记过户手续。

办理所有权转移登记过户是指办理机动车行驶证、机动车登记证书车主信息的变更。在二手车交易市场交易服务大厅的业务窗口或到车管所办理。

(5) 办理税、险过户手续。

办理车辆的车船税和车辆保险合同的信息变更。在二手车交易市场交易服务大厅的业务窗口或到保险公司办理。

2. 二手车销售程序

二手车销售是二手车经销企业卖车给消费者,二手车经销企业销售二手车有销售和代售(相当于经纪业务性质)两种情况。

(1) 销售二手车。

这种情况是二手车经销企业收购二手车并经整备后销售给消费者,二手车经销企业在收购二手车时先将该车办理过户登记到自己名下,销售时再将该车过户登记到买家名下。这种情形下,二手车经销企业具有消费者和经营者双重身份,二手车经销企业能直接给购车方开具二手车销售统一发票,交易程序如图6-2所示。

(2) 代理销售二手车。

这种情况是二手车经销企业从事二手车中介经纪业务,主要赚取手续费。

3. 二手车拍卖程序

二手车拍卖是建立公开、透明二手车定价机制的一种好方法。根据《二手车流通管理办法》规定,二手车拍卖企业能够直接给受买人开具二手车销售统一发票,在拍卖会结束后,受买人和拍卖企业签订二手车拍卖成交确认书、交款(包括标的拍卖成交款和佣金)后,凭二手车拍卖企业开具的二手车销售统一发票

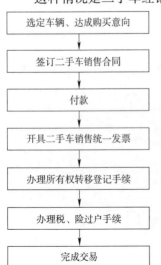

图6-2 二手车销售交易

和相关证件可以去办理车辆过户。二手车拍卖交易程序如图6-3所示。

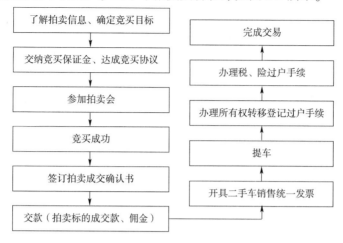

图6-3 二手车拍卖交易

第二节 二手车交易实务

一、机动车转移登记

1. 转移登记规定

根据《机动车登记规定》的要求,已注册登记的机动车所有权发生转让的,现机动车所有人应当自机动车交付之日起三十日内向登记地车辆管理所申请转让登记。机动车所有人申请转让登记前,应当将涉及该车的道路交通安全违法行为和交通事故处理完毕。

申请转让登记的,现机动车所有人应当交验机动车,确认申请信息,并提交以下证明、凭证:①现机动车所有人的身份证明;②机动车所有权转让的证明、凭证;③机动车登记证书;④机动车行驶证;⑤属于海关监管的机动车,还应当提交海关监管车辆解除监管证明书或者海关批准的转让证明;⑥属于超过检验有效期的机动车,还应当提交机动车安全技术检验合格证明和交通事故责任强制保险凭证。

车辆管理所应当自受理申请之日起一日内,查验机动车,核对车辆识别代号拓印膜或者电子资料,审查提交的证明、凭证,收回号牌、行驶证,确定新的机动车号牌号码,在机动车登记证书上签注转让事项,重新核发号牌、行驶证和检验合格标志。在机动车质押备案期间申请转让登记的,应当由原机动车所有人、现机动车所有人和质权人共同申请,车辆管理所一并办理新的质押备案。

车辆管理所办理转让登记时,现机动车所有人住所不在车辆管理所管辖区域内的,转出地车辆管理所应当自受理之日起三日内,查验机动车,核对车辆识别代号拓印膜或者电子资料,审查提交的证明、凭证,收回号牌、行驶证,在机动车登记证书上签注转让和变更事项,核发有效期为三十日的临时行驶车号牌,制作上传机动车电子档案资料。机动车所有人应当在临时行驶车号牌的有效期限内到转入地车辆管理所申请机动车转入。

申请机动车转入时,机动车所有人应当确认申请信息,提交身份证明、机动车登记证书,并交验机动车。机动车在转入时已超过检验有效期的,应当按规定进行安全技术检验并提交机动车安全技术检验合格证明和交通事故责任强制保险凭证。转入地车辆管理所应当自受理之日起三日内，查验机动车，采集、核对车辆识别代号拓印膜或者电子资料，审查相关证明、凭证和机动车电子档案资料，在机动车登记证书上签注转入信息，核发号牌、行驶证和检验合格标志。小型、微型载客汽车或者摩托车在转入地交易的，现机动车所有人应当向转入地车辆管理所申请转让登记。

二手车出口企业收购机动车的，车辆管理所应当自受理之日起三日内，查验机动车，核对车辆识别代号拓印膜或者电子资料，审查提交的证明、凭证，在机动车登记证书上签注转让待出口事项，收回号牌、行驶证，核发有效期不超过六十日的临时行驶车号牌。

被监察机关、人民法院、人民检察院、行政执法部门依法没收并拍卖，或者被仲裁机构依法仲裁裁决，或者被监察机关依法处理，或者被人民法院调解、裁定、判决机动车所有权转让时，原机动车所有人未向现机动车所有人提供机动车登记证书、号牌或者行驶证的，现机动车所有人在办理转让登记时，应当提交监察机关或者人民法院出具的未得到机动车登记证书、号牌或者行驶证的协助执行通知书，或者人民检察院、行政执法部门出具的未得到机动车登记证书、号牌或者行驶证的证明。车辆管理所应当公告原机动车登记证书、号牌或者行驶证作废，并在办理转让登记的同时，补发机动车登记证书。

2. 办理程序

二手车交易像买房子一样属于产权交易范畴，涉及相关的证明文件和必要手续。二手车交易后必须办理相关证明文件的转移登记手续，以完成手续完备的、合法的交易。机动车法定证明是"机动车登记证书""机动车行驶证"和机动车号牌。

根据买卖双方的住所是否在同一车辆管理所管辖区内，机动车产权转移登记手续可分为同一车辆管理所管辖区内的所有权转移登记（即同城转移登记）和不同车辆管理所管辖区的所有权转移登记（即异地转移登记）两种登记方式。非营运小型二手车转移登记程序如图 6-4 所示。

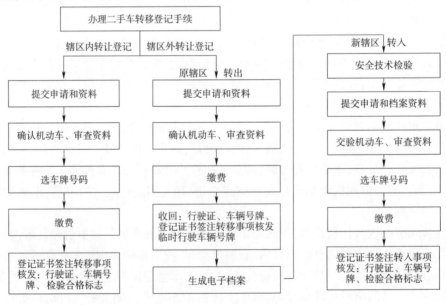

图 6-4 非营运小型二手车转移登记程序

3. 车辆同辖区转移登记

同辖区转移登记是指现机动车所有人住所在原车辆管理所管辖区域内的情形。办理时可通过二手车交易市场交易大厅的转移登记窗口或车辆注册登记地的车辆管理所,目前同辖区的车辆管理所都已实现计算机联网业务办理。

①提出申请。向车辆管理所提交机动车转移申请表和转移登记所需的资料,车辆管理所应当自受理之日起一日内办理二手车转移登记。

②确认机动车。根据机动车查验记录表上粘贴的照片和车辆识别代号拓印膜与机动车核对,确认机动车。

③审查受理资料。审查上述提交的资料,对于刚完成交易的二手车,机动车来历证明就是二手车销售统一发票的第二联(转移登记联)。

④选车牌号码。在选号机上选择自己满意的车牌号码。

⑤缴费。缴纳号牌费和行驶证工本费,收费标准:机动车反光号牌100元/副;摩托车反光号牌35元/副;三轮汽车、低速货车、拖拉机反光号牌40元/副;挂车反光号牌50元/副;机动车临时号牌工本费5元/张;行驶证工本费10元/本。

⑥签注转移登记事项,核发行驶证、号牌和检验合格证。

在机动车登记证书上签注转移事项,完成机动车转移登记。机动车登记证书记录着该车从注册登记到报废使用期间的所有变更信息。

收回行驶证、号牌(在查验岗已拆除),根据新选定的机动车号牌号码,核发新的行驶证、号牌和检验合格标志。

4. 车辆不同辖区转移登记

不同辖区转移登记是指现机动车所有人住所不在原车辆管理所管辖区域内的情形。在办理时要先转出原车辆管理所,然后办理转入现机动车所有人住所所在地的车辆管理所。商务部、公安部、国家税务总局为加快推进二手车异地交易登记,推动小型非营运二手车交易流通,从2021年9月1日开始,在全国218个城市推行二手车异地交易登记,其中,山西、广东、广西等10个省(自治区)全省推行,后面将实现二手车全国范围内跨省跨市异地交易登记。对二手车需要在异地交易的,实行二手车交易登记一地办理、档案电子化网上转递。

1)转出登记

车辆转出登记是指在车辆原注册登记的车辆管理所办理车辆档案转出的手续。办理转出登记流程如图6-5所示。

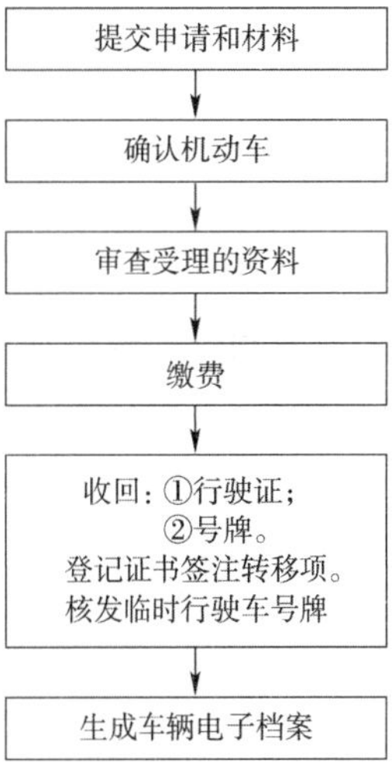

(1)提交申请和资料。

向本辖区车辆管理所提交《机动车注册、转移、注销登记/转入申请表》和转移登记所需的资料,车辆管理所应当自受理之日起3日内,办理转出登记手续。

(2)确认机动车。

根据机动车查验记录表上粘贴的照片和车辆识别代号拓印膜与机动车核对,确认机动车。

(3)审查受理资料。

审查上述(1)提交的资料,对于刚完成交易的二手车,机动车来历证明就是二手车销售统一发票的第二联(转移登记联)。

图6-5 转出登记流程

（4）缴费。

外迁手续费全国没有统一标准,大致包括验车费、拓号费、复印费、临时行驶车号牌制作费等。

（5）核发临时行驶车号牌。

核发临时行驶车号牌内容包括:收回原车行驶证、号牌,在机动车登记证书上签注转移事项,核发有效期为30日的临时行驶车号牌。

（6）生成车辆电子档案。

车辆电子档案内容包括机动车查验记录表,机动车注册、转移、注销登记/转入申请表,车架拓印号,原车照片,原车主行驶证和机动车登记证书等。

机动车转出登记需要的材料包括:

①机动车注册、转移、注销登记/转入申请表；

②现机动车所有人身份证明；

③机动车登记证书；

④机动车行驶证；

⑤机动车来历证明(即二手车销售统一发票第二联)；

⑥解除海关监管的机动车,应当提交监管海关出具的《中华人民共和国海关监管车辆解除监管证明书》或者海关批准的转让证明；

⑦属于机动车超过检验有效期的,还需提交最新的机动车安全技术检验合格证明和交通事故责任强制保险(即交强险)缴费凭证。

2）转入登记

车辆转入登记是指现机动车所有人的住所不在原车辆管理所管辖区,并已在原车辆管理所办理了转出登记,向现所有人住所的车辆管理所申请转入登记。

办理转入登记的机动车须符合转入地的环保规定,这一点对于从环保要求较低的地区向环保要求高的中心城市转入时的二手车交易要特别注意。转入登记事项除了有关保险的内容外,其他内容都与转出登记时的相同。

机动车转入登记程序如图6-6所示。

（1）机动车安全技术检验。机动车转出原车籍所在地时,如果安全技术检验在有效期内的,转入时不用再检验；如果机动车在转入时已超过检验有效期的,应当在转入地进行安全技术检验并提交机动车安全技术检验合格证明。检验时完成45°车辆拍照和车辆识别代号拓印膜。

（2）提出转入申请。向车辆管理所提交"机动车注册、转移、注销登记/转入申请表"和转入登记所需的资料,车辆管理所应当自受理申请之日起3日内办理二手车转移登记。

（3）交验机动车。核对车辆照片和车辆识别代号拓印膜,确认转入的机动车。

（4）审查提交资料和机动车电子档案。电子档案通过公安机关交通管理部门内网获取。

（5）凭购车指标证明选车号牌。

（6）在机动车登记证书上签注转入信息,核发机动车号牌、机

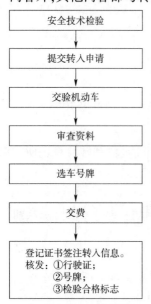

图6-6 转入登记流程

动车行驶证和检验合格证。

二、二手车买卖合同

1. 订立二手车买卖合同基本原则

二手车买卖合同是指二手车经营公司、经纪公司与法人、其他组织和自然人之间为实现二手车买卖目的，明确相互权利义务关系所订立的协议。

订立买卖合同时须遵守以下基本原则。

1）合法原则

订立二手车买卖合同，必须遵守国家法律和行政法规。合同的内容及订立合同的程序、形式只有与法律法规相符合，才会具有法律效力，当事人的合法权益才可得到保护。任何单位和个人都不得利用经济合同进行违法活动，扰乱市场秩序，损害国家和社会利益，牟取非法收入。

2）平等互利、协商一致原则

订立合同的双方当事人法律地位一律平等，任何一方不得以大欺小、恃强凌弱，把自己的意愿强加给对方，双方必须在完全平等的地位上签订二手车买卖合同。二手车买卖合同应当在当事人之间充分协商、意思表示一致的基础上订立，采取胁迫、乘人之危、违背当事人真实意志而订立的合同都是无效的，也不允许任何单位和个人进行非法干预。

2. 买卖合同主体

二手车买卖合同的主体是指为了实现二手车买卖目的，以自己名义签订交易合同，享有合同权利、承担合同义务的组织和个人。它包括出让人（出售方）和受让人（收购方）双方。

1）出让人（出售方）

出让人是指有意向出让二手车合法产权的法人或其他组织、自然人，即出售二手车的当事人。

2）受让人（收购方）

受让人是指有意向受让二手车合法产权的法人或其他组织、自然人，即买入二手车的当事人。

根据《中华人民共和国合同法》的规定，我国合同当事人从其法律地位划分，可分为以下几种。

（1）法人。

法人是指具有民事权利能力和民事行为能力，依法独立享有民事权利和承担民事义务的组织。它必须具备以下条件：依法成立；有必要的财产或经费；有自己的名称、场所和组织机构；能够独立承担民事责任的企业法人、机关法人、事业单位法人和社会团体法人。

（2）自然人。

自然人是指具有完全民事行为能力，可以独立进行民事活动的人。

3. 买卖合同内容

1）主要条款

（1）出让人（出售方）的基本情况，包括单位代码、经办人或自然人的姓名、经办人或自然人的身份证号码、单位地址或自然人住址、联系电话等内容。

（2）受让人（收购方）的基本情况，包括单位代码、经办人或自然人的姓名、经办人或自然人的身份证号码、单位地址或自然人住址、联系电话等内容。

(3)出售车辆的基本情况,主要有:

①车辆的名称、型号、生产厂家、出厂日期、颜色、初次注册登记日期、行驶里程、登记证号、发动机号、车架号等。

②机动车来历凭证、机动车行驶证、机动车登记证书、机动车号牌、道路运输证、机动车安全技术检验合格标志等法定证件。

③车辆购置税完税证明、养路费缴付凭证(2009年由燃油附加税代替)、车船使用税缴付凭证、车辆保险单等税费凭证证明。

(4)车辆价款。

(5)双方各自的责任、权利、义务。

(6)合同在履行中的变更及处理。

(7)违约责任。

2)其他条款

包括合同的包装要求、某种特定的行业规则和当事人之间交易的惯有规则等当事人一方要求的任何条款。

4.合同的变更和解除

1)合同变更

合同的变更,通常是指依法成立的买卖合同尚未履行或未完全履行之前,当事人就其内容进行修改和补充而达成的协议。

合同的变更必须以有效成立的合同为对象,凡未成立或无效的合同,不存在变更问题。合同的变更是在原合同的基础上达成一个或几个新的合同作为修正,以新协议代替原协议。所以,变更作为一种法律行为,使原合同的权利义务关系消灭,新权利义务关系产生。

2)合同解除

合同的解除,是指合同订立后,没有履行或没有完全履行以前,当事人依法提前终止合同。

3)合同变更和解除的条件

《中华人民共和国合同法》规定,凡发生下列情况之一,允许变更或解除合同:

(1)当事人双方经协商同意,并且不因此损害国家利益和社会公共利益。

(2)由于不可抗力致使合同的全部义务不能履行。

(3)由于一方在合同约定的期限内没有履行合同。

5.违约责任

违约责任是指合同一方或双方当事人由于自己的过错造成合同不能履行或不能完全履行,依照法律或合同约定必须承受的法律制裁。

1)违约责任的性质

(1)等价补偿。凡是已给对方当事人造成财产损失的,就应当承担补偿责任。

(2)违约惩罚。合同当事人违反合同的,无论这种违约是否已经给对方当事人造成财产损失,都要依照法律规定或合同约定承担相应的违约责任。

2)承担违约责任的条件

(1)当事人有违约行为。要追究违约责任,必须有合同当事人不履行或不完全履行协议的违约行为。它可分为作为违约和不作为违约。

(2)行为人要有过错。过错是指当事人违约行为主观上出于故意或过失。故意是指当事人应当预见自己的行为会产生一定的不良后果,但仍用积极的作为或者消极的不作为希望或放任这种后果的发生;过失是指当事人对自己行为的不良后果应当预见或能够预见到,而由于疏忽大意没有预见到或虽已预见后果但轻信可以避免,以致产生不良后果。

3)承担违约责任的方式

(1)违约金。指合同当事人因过错不履行或不适当履行合同,依据法律规定或合同约定,支付给对方一定数额的货币。根据《中华人民共和国合同法》及有关条例或实施细则的规定,违约金分为法定违约金和约定违约金。

(2)赔偿金。指合同当事人一方因违约给另一方当事人造成损失超过违约金数额时,由违约方当事人支付给对方当事人一定数额的补偿货币。

(3)继续履行。指合同违约方支付违约金、赔偿金后,应对方的要求,在对方指定或双方约定的期限内,继续完成没有履行的那部分合同义务。也就是说,违约方在支付了违约金、赔偿金后,合同关系尚未终止,违约方有义务继续按约履行,最终实现合同目的。

6.合同纠纷处理方式

合同纠纷是指合同双方当事人之间因对合同的履行状况及不履行的后果所发生的争议。根据《中华人民共和国合同法》及有关条例的规定,我国合同纠纷的解决方式一般有协商、调解、仲裁和诉讼4种方式。

1)协商解决

协商解决是指合同双方当事人之间直接磋商,自行解决彼此间发生的合同纠纷。这是合同双方当事人在自愿、互谅互让的基础上,按照法律、法规的规定和合同的约定解决合同纠纷的一种方式。

2)调解解决

调解解决是指由合同双方当事人以外的第三人(交易市场管理部门或二手车交易管理协会)出面调解,使争议双方在互谅互让的基础上自愿达成解决纠纷的协议。

3)仲裁

仲裁是指合同双方当事人将合同纠纷提交国家规定的仲裁机构,由仲裁机构对合同纠纷作出裁决的一种活动。

4)诉讼

诉讼是指合同双方当事人之间发生争议而合同中未规定仲裁条款或发生争议后也未达成仲裁协议的情况下,由当事人中的一方将争议提交有管辖权的法院按诉讼程序审理作出判决的活动。

7.二手车交易合同签订注意事项

在签订二手车合同时务必将车辆信息写详细,明确二手车的品牌、汽车标识号码、发动机号码、汽车代码(车架号)等汽车本身应有的要素,尤其是汽车代码与汽车标识号码应同时写明,还应列明车辆主要配置、颜色(具体到座椅颜色)、手动挡还是自动挡以及随车交付的文件等,以及车辆交易的总价款、付款方式和期限。要特别注意合同责任的细节,如交车方式、地点、时间。要特别明确违约责任、约定解决的方式、合同的管辖地等。确认销售方的盖章名称与购车合同、发票上的名称三者必须保持一致。如果出现不一致,诉讼时由于诉讼主体不明,对购车人而言非常不利。如购买进口车,由于存在多级代理的形式,在没有弄清合同主体的情况下,购车人的权益很难被保护。

(1)在签订卖车协议的时候,往往都会在协议中注明违约责任。有些二手车商在卖车协议里注明,如果到了协议时间,买方不支付全款或无故障退车,将不能退其预付款或定金。卖车协议中的违约责任是双向的,买方违约扣押定金,卖方违约须全额退款。因此,在书写卖车协议的时候,必须将双方的违约责任都考虑进去。在签订购车合同时,如果原合同没有明文规定违约责任的话,应该根据自己的实际情况,要求对方补充进去,特别是对那些不能及时过户的交易,应该在合同中强调,若交易过程中过不了户,对方无论出于何种原因都应无条件全额退款。

(2)建议在签订购车合同时,及时让对方提供详细的车辆状况说明,或者找权威的第三方评估机构进行评定,然后体现在合同中。又或者让对方在合同中注明,如原车保证无大事故、无大的机械隐患等。

(3)为防止不公平交易,购买者签订合同之前应当仔细阅读合同中的责任条款,不排除有些车商喜欢在协议里设置不公平的内容从而引消费者上当,要注意在协议里表明描述是否前后统一,一字之差,谬之千里,虽然这两者的意思一样,卖方一旦违约,处理纠纷时会对消费者不利。

(4)在签署合同时遇到描述模糊不清,表达出现争议容易造成理解误差的条文,要及时修正。确保一份合同让买卖双方都能看明白、理解透自己所承担的责任和履行的职责。

(5)签订卖车协议时需要明确表明购买二手车的付款时间和方式,是先付款后过户,还是先付部分车款,过户后补齐等,都要在合同里明示出来。要注意合同是否约定了成交时间,时间过长会影响车辆的交易价值。

(6)二手车买卖合同中,一般都会有是否交付该车行驶证、购置附加费凭证及发票、购车合同的路票凭证、车船使用税凭证、年票凭证、原车发票及购买的车辆保修以及保障期限。

(7)在卖车协议中最好把与对方商量的口头协议、承诺也都写进卖车协议中,防止卖车后口头协议无法实现。

(8)车辆行驶证、登记证书才是所有人的合法证明。不能办理过户的交易合同是不能公证的,因为公证效能不能超出法律的范围。未经过公证的合同具有同等的法律效力。

第三节　二手车经销

一、二手车收购定价

1. 二手车收购渠道与经营运作流程

二手车商有足够的货源是确保二手车正常销售的有效途径。目前二手车的来源主要有分散的私人二手车收购和固定单位或大量的二手车集团收购。收购的模式通常采取线上收购与线下收购。线上收购主要是利用网络平台在网站的首页设计收购意向的入口,通过客户的资料填写来获取车源信息,通过便捷的服务挖掘二手车回收与置换潜力空间。另外,国家正在逐步放开外省(自治区、直辖市)的二手车渠道,极大推动机动车市场的健康发展,但是对排放标准各地还是会比较严苛。二手车收购业务经营运作流程如图6-7所示。

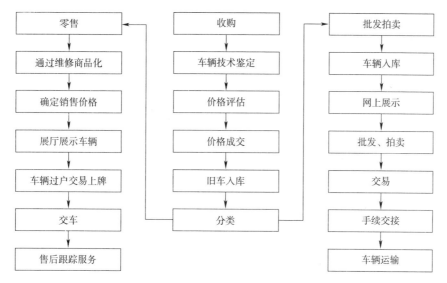

图 6-7 二手车收购经营运作流程

2. 二手车收购定价方法

二手车收购价格的确定是根据其特定的目的,在二手车鉴定估价的基础上,充分考虑市场的供求关系,对评估的价格做快速变现的特殊处理。按不同的原则,一般有以下几种方法:

1) 以现行市价法、重置成本法的方法确定收购价格

由现行市价法、重置成本法对二手车进行鉴定估算产生的客观价格,再根据快速变现原则估定一个折扣率并以此确定二手车收购价格。如运用重置成本法估算某机动车辆价值为 10 万元,据市场销售调查得知,估定折扣率为 20% 可出售,则该车辆收购价格为 8 万元。

2) 以清算价格的方法确定收购价格

清算价格的特点是企业(或个人)由于破产或其他原因,欲在一定的期限内(在企业清算之日)将车辆卖出,实现迅速变现。具体来说主要根据二手车技术状况,运用现行市价法估算其正常价值,再根据处置情况和变现要求乘以一个折扣率,最后确定收购价格。

以清算价格的方法确定收购价格,由于顾客要求快速转卖变现,因此收购估价可以大大低于二手车市场成交的同类型车辆的公平市价,一般来说也低于车辆现时状态客观存在的价格。

3) 以快速折旧的方法确定收购价格

根据机动车的价值计算折旧额来确定收购价格。年折旧额的计算方法建议采用年份数求和法和双倍余额递减法两种方法。

3. 二手车收购价格计算

二手车收购价格的确定是指被收购车辆手续齐全的前提下对车辆实体价格的确定。如果所缺失的手续能以货币支出补办,则收购价格应扣除补办手续的货币支出、时间和精力的成本支出,具体可以采用以下几种方法:

(1) 运用重置成本法对二手车进行鉴定估价,然后根据快速变现的原则估定一个折扣率,将被收购车辆的估算价格乘以折扣率,即得二手车的收购价格,用数学式表示为:

$$收购价格 = 评估价格 \times 折扣率$$

(2)运用现行市价法对二手车确定评估价格,再根据折扣率计算收购价格,表达式同运用重置成本法的收购价格表达式。

折扣率是指车辆能够当即出售的清算价格与现行市场价格的比值。折扣率的确定是经营者对市场销售情况的充分调查和了解凭经验估算的。

(3)运用快速折旧法。首先计算出二手车已使用年数累计折旧额,然后将重置成本全价减去累计折旧额,再减去车辆需要维修换件的总费用,即得二手车收购价格,用数学式表达为:

$$收购价格 = 重置成本全价 - 累计折旧额 - 维修费用$$

重置成本全价一律采用国内现行的新车市场价格。

累计折旧额的计算方法:先用年份数求和法或余额递减法计算出年折旧额,再将已使用年限内各年的折旧额汇总累加,即得累计折旧额。

维修费用是指车辆现时状态下某项功能完全丧失,需要维修和换件的费用总支出。

在快速折旧计算时,机动车原值一般取机动车的重置成本全价,而不采用机动车账面原值。

4.二手车收购中的风险

在二手车收购的过程中,二手车市场交易环境的变化有可能产生机会,也有可能带来风险。风险是指由于客观环境的变化带来损失,从而难以实现某种目的的可能性。二手车收购中的风险是指由于二手车收购环境的变化,给二手车的销售带来的各种损失。在二手车收购业务过程当中,既充满了机会,同时又会出现许多风险。所以,二手车流通企业的生存与发展必须加强收购活动中的风险管控,能否获得期望利润关键在于能否有效地控制和降低风险损失。

由于二手车收购价格的某些不可预见的因素,收购过程比销售过程的风险更大,对企业或个人造成的潜在损失也更大。因此,如何有效地将收购风险控制在一定的范围内,善于分析研究环境变化可能带来的风险,发现并及时规避风险,对于降低收购成本、提高企业的利润、最大限度地减小可能遭受的损失具有重大意义。

二手车收购的环境变化是绝对的、必然的,收购风险也是经常发生的。收购风险不可能完全避免,只能掌握战胜风险的策略和技巧,化险为夷,把风险变为机会,实现成功的转化,总体原则如下:

(1)要提高识别二手车收购风险的能力。应随时收集、分析并研究市场环境变化的资料和信息,判断收购风险发生的可能性,积累经验,培养并增强对二手车收购风险的敏感性,及时发现或预测收购风险。

(2)要提高风险的防范能力,尽可能规避风险。可通过预测风险,从而尽早采取防范措施来规避风险。在二手车收购工作中,每个环节都要谨慎,最大限度地杜绝二手车收购风险的发生。

(3)在无法避免的情况下,要提高处理二手车收购风险的能力,最大限度地降低损失,并防止引发其他负面效应和有可能派生出来的消极影响。

二、二手车销售定价

1.二手车销售定价的影响因素

1)成本因素

产品成本是定价的基础和最低界限,二手车的销售价格如果不能保证成本,企业的经营活动就难以维持。二手车流通企业销售定价应分析价格、需求量、成本、销量、利润之间的关系,正确地估算成本,并以此作为定价的依据。二手车销售定价时应考虑收购车辆的总成本费用,总成本费用由固定成本费用和变动成本费用之和构成。

(1)固定成本费用。固定成本费用是指在既定的经营目标内,不随收购车辆的不同而变动的成本费用。如分摊在这一经营项目的固定资产的折旧、管理费等项支出。

(2)固定成本费用摊销率。固定成本费用摊销率是指单位收购价值所包含的固定成本费用与收购车辆总价值之比。如某企业根据经营目标,预计某年度收购100万元的车辆价值,分摊固定成本费用1万元,则单位固定成本费用摊销率为1%。如花费4万元收购一辆旧桑塔纳轿车,则应该将400元(即4万元的1%)计入固定成本费用。

(3)变动成本费用。变动成本费用指随收购价格和其他费用而相应变动的费用,主要包括车辆实体的价格、运输费、保险费、日常维护费、维修翻新费、资金占用的利息等。

由上面的成本分析可知,一辆二手车收购的总成本费用是这辆车应分摊的固定成本费用与变动成本费用之和,用数学式表达为:

某二手车的总成本费用 = 收购价格 × 固定成本费用摊销率 + 变动成本费用

2)供求关系

在市场经济中,产品的价格由买卖双方的相互作用来决定,以市场供求为前提,决定价格的基本因素有两个,即市场供给与市场需求。若市场需求大于供给(特别是供不应求),价格就会上升;需求小于供给(特别是有市场积压现象),价格就会下降,市场的一切交易活动和价格的变动都受这一定律的支配。这就是供求规律或称供求法则,它是市场价格变化的基本规律。供求关系表明价格只能围绕价值上下波动,而价值仍然是确定价格水平及其变动的决定性因素。企业在定价决策时,除以产品价值为基础外,还可以自觉运用供求关系来分析和制定产品的价格。

价格受供求影响而有规律性的变动过程中,不同商品的变动幅度是不一样的。因此,我们在销售定价时还要考虑需求的价格弹性。所谓需求的价格弹性,是指因价格变动而引起需求相应的变动率,它反映需求变动对价格变动的敏感程度。按照西方经济学理论,当某种产品需求弹性较小时(需求对价格不敏感),可以通过提高价格增加企业利润;反之,当产品需求富有弹性时(需求对价格敏感),企业可以通过降低价格从而扩大销量来增加企业利润,同时还能起到打击竞争对手、提高自己产品市场占有率的作用。

对于二手车来说,其需求弹性较强,即二手车价格的上升(或下降)会引起需求量较大幅度的减少(增加)。因此,在给二手车进行销售定价时,应该把价格定得低一些,以薄利多销达到增加盈利、服务顾客的目的。

3)竞争状况

在产品供不应求时,企业可以自由地选择定价方式。而在供大于求时,竞争必然随之加剧,定价方式的选择只能被动地根据市场竞争的需要来进行。为了稳定维持自己的市场份额,二手车的销售定价要考虑本地区同行业竞争对手的价格状况,根据自己的市场地位和定价的目标选择与竞争对手相同的价格,甚至低于竞争对手的价格。

4)国家政策法令

任何国家对物价都有适度的管理,所不同的是,各个国家和地区对价格的控制程度、范围、方式等存在着一定的差异,绝对放开和绝对控制的情况是没有的。一般而言,国家可以通过物价部门直接对企业定价进行干预,也可以用一些财政、税收手段对企业定价实行间接影响。

2. 二手车销售定价方法

定价方法是二手车流通企业为了在细分市场实现定价目标,给产品制定基本价格和浮动范围的技术思路。由于成本、需求和竞争是影响企业定价的最基本因素,产品成本决定了价格的最低限,产品本身的特点决定了需求状况,从而确定了价格的最高限,竞争者产品与价格又为定价提供了参考的基点,因此形成了以成本、需求、竞争为导向的三大基本定价思路。

1) 成本导向定价法

成本导向定价法可分为成本加成定价法、目标收益定价法和边际成本定价法 3 种。

(1) 成本加成定价法。成本加成定价法也称为加额定价法、标高定价法或成本基数法,是一种应用比较普遍的定价方法。它首先确定单位产品总成本(包括单位变动成本和平均分摊的固定成本),然后在单位产品总成本基础上加上一定比例的(即成数)利润从而形成产品的单位销售价格。该方法的计算公式为:

$$单位产品价格 = 单位产品总成本 \times (1 + 成本加成率)$$

由此可以看到,成本加成定价法的关键是成本加成率的确定。一般来说,加成率应与单位产品成本成反比,与资金周转率成反比,与需求价格弹性成反比,需求价格弹性保持不变时,加成率也应保持相对稳定。

(2) 目标收益定价法。目标收益定价法又称投资收益率定价法,是根据企业的投资总额、预期销量和投资回收期等因素来确定销售价格。在产品供不应求的条件下,或在产品需求的价格弹性很小的细分市场中,可以采用目标收益定价法。

(3) 边际成本定价法。边际成本是指每增加或减少单位产品所引起的总成本的增加量或减少量。采用边际成本定价法时是以单位产品的边际成本作为定价依据和可接受价格的最低界限。当销售价格高于边际成本时,企业出售产品的收入除完全补偿变动成本外,还可用来补偿一部分固定成本,甚至可能提供利润。在竞争激烈的市场条件下,边际成本定价法具有极大的灵活性,对于有效地应对竞争、开拓新市场、调节需求的季节差异、形成最优产品组合能够发挥巨大的作用。

2) 需求导向定价法

需求导向定价是以消费者的认知价值、需求强度以及对价格的承受能力为依据,以市场占有率、品牌形象和最终利润为目标,真正按照有效需求来制定价格。需求导向定价法也称顾客导向定价法,是二手车流通企业根据市场需求状况和消费者的不同反应来确定产品价格的一种定价方式。其特点是:平均成本相同的同一产品的价格随市场需求变化而变化,一般是以该产品的历史价格为基础,根据市场需求变化情况在一定的幅度内变动价格,致使同一商品可以按两种或两种以上价格销售。这种差价可以因顾客的购买能力、对产品的需求情况、产品的型号和式样,以及时间、地点等因素的差异而采用不同的形式。

3) 竞争导向定价法

竞争导向定价是以企业所处的行业地位和竞争定位来制定价格的一种方法,是二手车流通企业根据市场竞争状况确定二手车销售价格的一种定价方式。其特点是:价格的制定与成本和需求的直接关系不大,而主要以竞争对手的价格为参照物,并与竞争品价格保持一定的比例。即竞争品价格未变,即使产品成本或市场需求变动了,也应维持原价;竞争品价格变动,即使产品成本和市场需求未变,也要相应调整价格。

上述定价方法中,企业要考虑产品成本、市场需求和竞争形势,研究价格怎样适应这些因素,但在实际定价过程中,企业往往只能侧重于某一类因素,选择某种定价方法,并通过一定的定价政策对计算结果进行修订,而成本加成定价法深受欢迎,主要有以下原因:

(1)定价过程简化。由于成本的不确定性比需求的不确定性小得多,定价着眼于成本可以使定价工作大大简化,不必随时随需求情况的变化而频繁地调整,因而大大简化了企业的定价工作。

(2)可降低价格竞争程度。只要同行业都采用这种定价方法,那么在成本与加成率相似的情况下价格也大致相同,这样可以使价格战的竞争降至最低限度。

(3)对买卖双方都较为公平。卖方不利用买方需求量增大的优势而趁机哄抬价格,因而有利于买方,固定的加成率也可以使卖方获得相当稳定的投资收益。

3.二手车销售定价策略

在二手车的市场营销中,尽管非价格竞争作用在增长,但价格仍然是影响销售的重要因素,是营销组合中的关键因素。定价是否恰当,不仅直接关系到二手车的销量和企业的利润,而且还影响企业其他营销策略的制定。定价策略的意义在于有利于挖掘新的市场机会,实现企业的整体目标。在市场经济条件下,价格决策是企业经营决策者面临的具有现实意义的重大课题。

二手车销售定价策略是指二手车流通企业根据不同因素对二手车价格的影响程度而采用不同的定价方法,制定出适合市场竞争的二手车销售价格,进而实现定价目标的营销战术。

二手车销售定价策略分为阶段定价策略、心理定价策略和折扣定价策略等。

1)阶段定价策略

所谓阶段定价策略,就是根据产品寿命周期各阶段不同的市场特征而采用不同的定价目标和对策。在产品投入期以打开市场为主,成长期以获取目标利润为主,成熟期以保持市场份额、利润总量最大为主,衰退期以回笼资金为主。另外还要兼顾不同时期的市场行情,相应调整销售价格。

2)心理定价策略

不同的消费者有不同的消费心理,有的注重经济实惠、物美价廉,有的注重产品的品牌,有的注重产品的文化情感含量,有的追赶消费潮流等。心理定价策略就是在补偿成本的前提下,按不同的需求心理确定价格水平和调价幅度。如尾数定价策略就是企业针对消费者的求廉心理,在二手车定价时有意制定一个带有尾数(故意不凑成整数)的价格。这是一种具有强烈刺激作用的心理定价策略。价格尾数的微小差别,能够明显影响消费者的购买行为,会给消费者一种经过精确计算的、最低价格的感觉,如某品牌的二手车标价69998元,给人以便宜的感觉,认为只要6万多(不到7万)就能买一辆维护不错的品牌二手车。

3)折扣定价策略

二手车流通企业在市场营销活动中,一般按照确定的目录价格或标价出售商品。但随着市场环境的变化,为了促进销售者、顾客更多地销售和购买本企业的产品,往往根据交易数量、付款方式等条件的不同,在价格上给销售人员和顾客一定的让价空间,这种给销售人员或消费者一定幅度的价格让利空间就是折扣。灵活运用价格折扣策略,可以刺激需求、刺激购买,有利于企业搞活经营,提高经济效益。

4. 二手车电商估价系统

目前，主流二手车电商平台正在运用大数据、人工智能等方法，打造公平、精准的第三方估价平台。基于人工智能和大数据的二手车估价流程如图 6-8 所示，该流程主要包括运用大数据进行二手车的市场平均零售价、收购价的回归分析，开展二手车的修复、残值、价值对比，然后根据该二手车车型的成交情况进行最优匹配与分析，最后综合考虑历史因素、地区因素以及销售因素，校准二手车的价格，从而对该二手车进行定价。

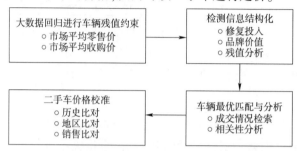

图 6-8　基于人工智能和大数据的二手车估价流程

在实际的二手车交易服务中，人人车平台利用智能算法、大数据技术打造出了 Pegasus 估值系统，该系统开展了车况的分级，实现对"一车一况"的精准评价。该平台的大数据包括以十万量级车型数据、千万量级交易数据以及上亿互联网参考挂牌数据，创建一个车型评估和价格定位数据矩阵，并以智能算法系统分析具体车况。车况评估分级的因素则包括车辆品牌、使用年限、行驶里程、车辆颜色、维护历史、出厂价、当前市价、供需关系等，为二手车提供更加合理的定价。

5. 二手车销售最终价格的确定

二手车流通企业通过以上程序制定的价格只是基本价格，只是确定了价格的范围和调整的途径。为了实现定价目标，二手车流通企业还需要考虑国家的价格政策、用户的要求、产品的性价比、品牌价值及公司的服务水平，运用各种灵活的定价策略对基本价格进行调整，同时将价格策略和其他营销策略结合起来，如针对不同消费心理的心理定价和让利促销的各种折扣定价等，以确定具体的最终市场价格。

三、二手车置换

随着汽车产业的快速发展以及人们收入的不断增加，汽车走入寻常百姓家，汽车保有量越来越多，同时人们对汽车的需求也越来越多样化，汽车置换作为汽车交易的一种方式逐渐显示出满足人们需要的优越性和调节汽车流通的重要作用。

1. 汽车置换定义

置换业务源自海外，从国内正在实施的汽车置换业务来看，对汽车置换的定义有狭义和广义之分。从狭义上来说，汽车置换就是以旧换新业务。经销商通过二手车的收购与新车的对等销售获取利益。目前，狭义的置换业务在世界各国都已成为流行的销售方式。而广义的汽车置换概念则是指在以旧换新业务的基础上还同时兼容二手车整新、跟踪服务及二手车再销售乃至折抵分期付款等项目的一系列业务组合，从而使之成为一种独立的营销方式。国际上发达国家二手车与新车的销售量之比几乎为1∶1，某些国家能达到2∶1，甚至更多，我国的二手车市场虽然起步较晚，但目前的交易规模已经相当可观，据中国汽车流通协会发布的数据,2021年我国二手车交易量达到1758.51万辆,已经占到新车交易量的六成。狭义置换业务已得到长足的发展,广义的置换业务在国内尚处于萌芽状态。

2. 国内汽车置换模式

从国内的交易情况来看,目前在我国进行的汽车置换有以下3种模式:

(1)用本厂旧车置换新车(即以旧换新)。如厂家为"比亚迪",车主可将旧款宋SUV折价卖给比亚迪的经销商,同时在该经销商处再买一辆新的宋PLUS新能源或唐新能源车型。

(2)用本品牌旧车置换新车。如品牌为"大众",假设某车主拥有一辆捷达,现在想购买一辆帕萨特,那么他可以在任何一家"大众"的经销商处进行置换,也就是把他的捷达卖给经销商,交上差价,买到一辆帕萨特车。

(3)只要购买新车,置换的旧车不限品牌。国外基本上采用的都是这种置换方式,我国现在很多经销商也接受了这种方式。如上海通用汽车的"诚新二手车"开展的就是这种汽车置换模式,消费者可以用任何品牌的二手车置换别克品牌的新车。

第(3)种方式给予消费者最大的选择空间和便利,不过这种方式对厂商和经销商而言非常具有挑战性。这是因为,我国的车主一般既不从一而终地在指定维修点进行维修,自己也不保留车辆的维修档案,车况不透明;再者,不同品牌、不同型号的车辆在技术和零部件上千差万别,特别是对于个别已经停产车型更换零部件将越来越麻烦,这些车到了经销商手里要再出售有一定的难度。

此外,我国也出现了委托寄卖等置换新模式。委托寄卖主要分为:①自行定价型,即由车主自行定价,委托商家代卖,成交后再支付佣金;②二次付款型,即由商家先行支付部分费用,等到成交后再付余款,佣金按利润的一定比例来定;③周期寄卖型,其方式是由商家向车主承诺交易周期,车价由双方共同确定,而佣金则以成交时间和成交金额双重标准来定。

车辆更新对于车主来说是一个烦琐的过程,首先要到二手车市场把旧车卖掉,这其中要经历了解市场行情、咨询二手车价格、与二手车经纪公司讨价还价直至成交、办理各种手续和等待回款,至少要好几天,等拿到钱后再到新车市场购买新车,又要费一番周折。对于车主来说更新一部车要比买新车麻烦得多。在生活节奏日益加快的今天,人们期盼能否有一种便捷的以旧换新业务,使人们能够在自由选择新车的同时,又很方便地处理原有的旧车。因此,具有汽车置换资质的经销商作为中介的重要作用就显现了出来。

3. 汽车置换授权经销商

汽车置换授权经销商是我国汽车置换运作的中介主体。汽车置换授权经销商的车辆置换服务将消费者淘汰旧车和购买新车的过程结合在一起,一次完成甚至一站完成卖旧车、购新车的全部业务,为车主节省了时间,提供了便利。我国汽车置换授权经销商的汽车置换服务一般具有以下特点:

(1)打破车型限制。

与以往的一些开展汽车置换的厂家或品牌专卖店不同,汽车置换授权经销商对所要置换的旧车以及选择购买的新车都没有品牌及车型的限制,可以任意置换。汽车置换授权经销商采用汽车连锁超市的模式经营新车的销售,连锁超市中经营的汽车品牌众多,可以满足不同消费者的各种需求,也可根据顾客的要求到指定的经销商处为顾客购进指定的车辆,真正做到了无品牌限制的置换。

(2) 让利置换，旧车增值。

汽车置换授权经销商将车辆置换作为顾客购买新车的一项增值服务，与顾客将旧车出售给二手车经纪公司不同，汽车置换授权经销商通常是以二手车交易市场二手车收购的最高价格甚至更高的价格来确定二手车价格，经双方认可后，置换二手车的钱款直接冲抵新车的价格。

汽车置换授权经销商有自己的二手车经纪公司，同时与二手车交易市场中的众多经纪公司保持联系，保证市场信息渠道的畅通，以使所置换的旧车能够有快速的销路。车况较好的旧车，汽车置换授权经销商经过整修后，补充到租赁车队中投放低端租车市场，用租赁收入弥补旧车的增值部分后到二手车市场处置；或者发挥汽车置换授权经销商租车网络的优势，在中小城市进行租赁运营。

(3)"全程一对一"置换服务。

汽车置换授权经销商汽车连锁销售提供的车辆置换服务是一种"全程一对一"的服务模式。由于汽车置换授权经销商的业务涉及汽车租赁、销售、汽车金融和二手车经纪，因此，顾客在汽车置换授权经销商处选择置换的购车方式后，从旧车定价、过户手续到新车的贷款、购买、保险、牌照等过程都由汽车置换授权经销商公司内部的专业部门完成，保证了效率和服务水准。

(4)完善的售后服务。

在汽车置换授权经销商处通过置换购买的新车，汽车置换授权经销商将提供包括保险、救援、替换车、异地租车等服务在内的完善的售后服务。对于符合条件的顾客，汽车置换授权经销商还可以提供更加个性化的车辆保值回购计划，使顾客可以无须考虑再次更新时的车辆残值，安心使用车辆。

4. 汽车置换质量认证

汽车置换业务中一个最重要、最容易引起争议的问题就是置换旧车的质量问题。和新车交易相比，二手车市场存在很多信息不对称的地方，二手车评估本身就比较复杂，加上二手车交易又是"一旦售出，后果自理"，所以在购买二手车的时候，大部分的二手车买家并不信任卖家。

为了保障交易双方权益、减少纠纷，国外汽车厂商从20世纪90年代就开始对二手汽车进行质量认证，近几年我国的汽车厂商也开始进行这一业务。汽车厂家利用自己的技术、设备、人员以及信誉优势，对回购的二手车进行检测、修复，给当前庞大的二手车消费群体提供"放心车""明白车"，即使价格高于市场上的其他二手车，消费者也认为值得。同时汽车厂家介入二手车市场也为规范二手车市场、降低交通安全隐患带来积极影响。

(1)认证的基本概念。

经汽车厂商授权的汽车经销商将收上来的该品牌二手车进行一系列检测、维修之后，使该车成为经品牌认证的车辆，可以给予一定的质量担保和品质保证，这一过程就是二手车认证。

二手车认证的开展是市场对二手车逐渐重视的首要原因，现在已经得到广泛的支持，很多汽车生产厂家还针对二手车推出一些令人鼓舞的消费措施。目前，认证方案项目一般包括：合格的质量要求、严格的检测标准、质量改进保证、过户保证和比照新车销售推出的送货方案，一些大公司开展的认证还包括提供与新车一样利率的购车贷款。通过认证，顾客和经销商双方都从中得到了实惠。首先顾客对自己购买二手车的心态更加趋于平和，相应地，经销商也实现了认证车辆的溢价销售。而且,顾客不会有二手车刚买到手就发生故障的担忧,经销商也不必再面对恼怒顾客的争吵。

(2)我国二手车认证。

我国的二手车认证主要是在一些合资企业中开展,这其中以上汽通用公司和一汽大众公司为代表,我国一般的二手车认证流程如图6-9所示。

①上汽通用公司的二手车认证。上汽通用汽车认证的二手车要经过多道程序的严格筛选。认证的二手车有自己统一的品牌,是和诚信谐音的"诚新",能通过认证并注明这个牌子的二手车要达到以下条件:首先是无法律纠纷,非事故车,无泡水经历;其次使用不超过5年,行驶10万km以内;原来的用途不是用于营运和租赁。

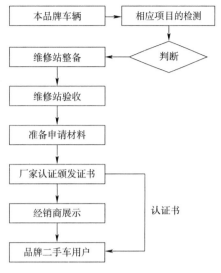

图6-9 二手车认证流程图

上汽通用公司的二手车认证有33项评估装备106项检验项目,这106项检验要进行两次,进场第一次,整修后还要进行一次。106项检验主要包括车身、电气、底盘、制动等六大类,基本囊括了整个汽车的零配件。通过筛选的二手车,经过整修,再进行106项检测,全部合格后才能获得上汽通用公司的认证书。经认证过的二手车出售后能获得半年或10000km的质量保证,在质保期间,如果车辆出现质量问题,客户可以在全国联网的品牌专业维修店获得免费修理和零配件更换。

②一汽大众的二手车认证。一汽大众认证车辆多来源私人客户的非运营车辆以及本厂的优质车源,为了保证车辆的来源及品质,一汽大众官方认证二手车会进行严格的133项车辆检测,通过"车身检测、内饰检测、动力系统、行驶系统、转向系统、制动系统、电气设备、灯光系统、动态检测"九大检测完成133项核查,彻底排除安全隐患车辆和非法车辆,使得每一辆经过认证的二手车都具有卓越的品质和优良的性能;其次,提供专业的人员配备以及专业的车辆检测设备,保证对车况的真实识别与鉴定,严格保证质量标准。

5.汽车置换程序

汽车置换包括旧车出售和新车购买两个环节。不同的汽车置换授权经销商对汽车置换流程的规定不尽相同,一汽大众汽车置换流程如图6-10所示。

(1)顾客通过电话或直接到汽车置换授权经销商处进行咨询,也可以登录汽车置换授权经销商的网站进行置换登记。

(2)汽车评估定价。

(3)汽车置换授权经销商销售顾问陪同顾客

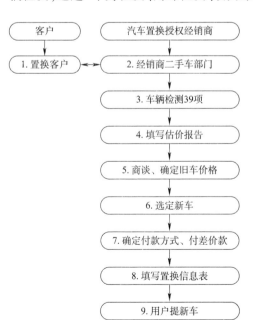

图6-10 一汽大众汽车置换流程图

选订新车。

(4)签订二手车购销协议和置换协议。

(5)置换二手车的钱款直接冲抵新车的车款,顾客补足新车差价后办理提车手续,或由汽车置换授权经销商的销售顾问协助在指定的经销商处提取所订车辆,汽车置换授权经销商提供一条龙服务。

(6)顾客如需贷款购买新车,则置换二手车的钱款作为新车的首付款,汽车置换授权经销商为顾客办理购车贷款手续,提供汽车消费信贷所产生的资信管理服务,并建立个人资信数据库。

(7)汽车置换授权经销商办理二手车过户手续,顾客提供必要的协助和材料。

(8)汽车置换授权经销商为顾客提供全程后续服务。

在汽车置换中,新车可选择仍使用原车牌照或上新牌照,购买新车需补交差价,如果旧车贷款尚未还清,可由经销商垫付还清贷款,款项计入新车需交钱款。

 习题

1. 名词解释

二手车交易合同　　二手车置换　　出让人

二手车居间合同　　二手车认证　　受让人

2. 简述二手车交易流程。

3. 二手车交易合同变更和解除的条件有哪些?

4. 签订二手车居间合同应注意哪些事项?

5. 简述机动车过户需要的材料和办理流程。

参考文献

[1] 庞昌乐.二手车评估与交易实务[M].北京:北京理工大学出版社,2021.
[2] 马晓春.汽车评估[M].北京:机械工业出版社,2021.
[3] 朱升高.二手车评估与经营管理[M].北京:机械工业出版社,2020.
[4] 鲁植雄.汽车评估[M].北京:机械工业出版社,2020.
[5] 成英,刘晓锋,等.汽车评估[M].2版.北京:清华大学出版社,2019.
[6] 宁德发.二手车鉴定评估与交易一本通[M].北京:化学工业出版社,2017.
[7] 赵培全,蔡云.汽车评估学[M].2版.北京:中国水利水电出版社,2015.
[8] 李耀平.汽车评估[M].北京:人民交通出版社股份有限公司,2014.
[9] 卢伟,韩平.二手车鉴定与评估[M].北京:北京大学出版社,2012.
[10] 刘晓君.技术经济学[M].2版.北京:科学出版社,2013.
[11] 张道文,廖文俊.交通事故车辆安全技术鉴定教程[M].北京:北京大学出版社,2012.
[12] 姚为民,等.汽车构造(上)[M].北京:人民交通出版社股份有限公司,2021.
[13] 姚为民,等.汽车构造(下)[M].北京:人民交通出版社股份有限公司,2021.
[14] 刘建华,陈宏伟.新能源电动汽车构造与原理[M].北京:北京理工大学出版社,2021.
[15] 姜丽娟,张思扬.新能源汽车故障诊断[M].北京:机械工业出版社,2018.
[16] 中华人民共和国国家标准.二手车鉴定评估技术规范:GB/T 30323—2013[S]北京:中国标准出版社,2013.
[17] 新能源乘用车二手车鉴定评估技术规范 第1部分:纯电动汽车:T/CADA 17—2021[S].北京:中国汽车流通协会,2021.
[18] 宋景芬.汽车文化[M].北京:人民交通出版社股份有限公司,2018.
[19] 刘玉平.资产评估学[M].3版.北京:中国人民大学出版社,2022.
[20] 中国资产评估协会.2022年资产评估师资格全国统一考试辅导教材:资产评估实务[M].北京:中国财政经济出版社,2022.
[21] 赵长利,李景芝.汽车保险理赔[M].4版.北京:机械工业出版社,2020.
[22] 白建伟,吴友生.汽车碰撞分析与估损[M].2版.北京:机械工业出版社,2016.